Dietmar Schönhoff / Thomas Stelzmann (Fotos)

Der Hofgarten in Düsseldorf

Dietmar Schönhoff / Thomas Stelzmann (Fotos)

DER HOFGARTEN IN DÜSSELDORF

Geschichte & Gegenwart

DROSTE

Für Nicolas und Henry

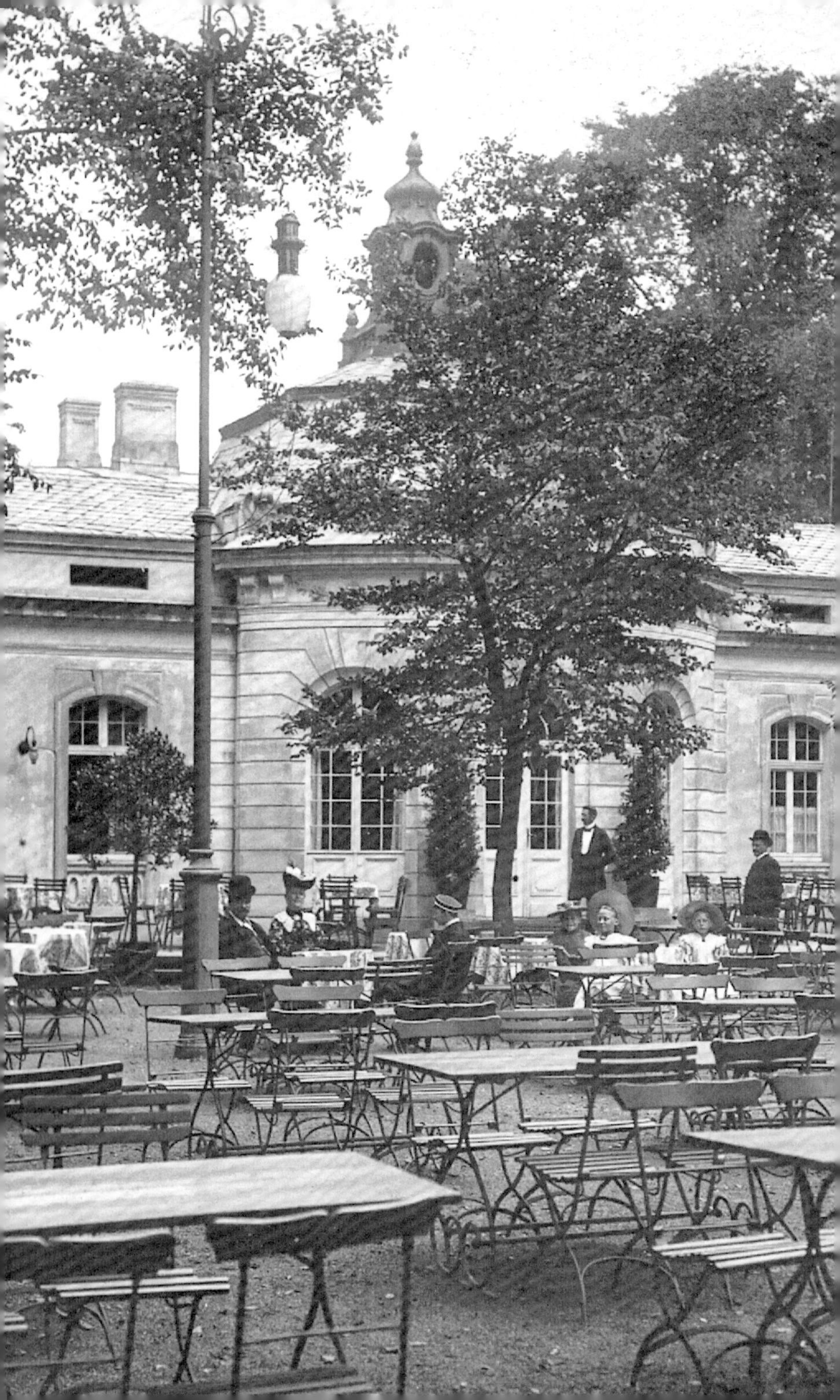

Inhaltsverzeichnis

Abb.: Der Ananasberg um 1900

Einleitung

Der Hofgarten ist das prachtvolle Herzstück der Garten- und Parkanlagen in der Landeshauptstadt Düsseldorf. Es gibt viele gute Bücher, die sich mit schönen Bildern neben anderen Parks in Düsseldorf auch dem Hofgarten widmen, von dem Daniel Libeskind, der amerikanische Architekt der gleichnamigen Bauten am Joachim-Erwin-Platz, bei seinem ersten Besuch in Düsseldorf sagte: »Oh, this is the Central Park of Düsseldorf.« Aber meist sind diese Bücher groß und auch schwer, sodass sie eher nicht geeignet sind, sie zu einem Spaziergang durch den Hofgarten mitzunehmen, um Erläuterungen vor Ort zu lesen. Der einzige handliche Führer über den Hofgarten erschien 2006 im Rheinischen Verein für Denkmalpflege und Landschaftsschutz und ist inzwischen längst vergriffen. Aber auch er erfasste nicht alle sehenswerten Schönheiten des zentralen Parks in Düsseldorf mit seinen zahlreichen Plastiken, Skulpturen und anderem Bemerkenswerten. Dem soll durch das vorliegende Buch abgeholfen werden.

Zum ersten Mal in der Geschichte des Hofgartens gibt es nun ein Werk, in dem ich Ihnen wirklich alle Denkmäler und Kunstwerke aufführe und erläutere. Darüber hinaus werden in diesem Buch Geschichten erzählt, die auch ein bisschen über die Ränder des Hofgartens hinausgehen. Und Sie können dieses Buch in die Tasche stecken, im

Hofgarten in die Hand nehmen und sich dann bei Ihren Spaziergängen über das informieren, was Sie sehen. Und wenn Sie den Hofgarten erkundet haben, bietet Ihnen dieses Buch auch an, dem angrenzenden Ehrenhof einen Besuch abzustatten und nicht nur die Kunst in den dort stehenden Museen zu bestaunen, sondern auch das, was der Ehrenhof an Denkmälern und Skulpturen im Äußeren zu bieten hat.

Obwohl es in diesem Buch vornehmlich um die Denkmäler und Kunstwerke im Hofgarten geht, sollen auch die Männer und die Frau nicht unerwähnt bleiben, die sich in den letzten 200 Jahren um die Gestaltung des Hofgartens verdient gemacht haben. Deshalb finden Sie im Anhang neben den zwei kurzen Lebensläufen der »Urväter« des Hofgartens auch eine Übersicht über alle Gartendirektoren seit 1804, eine Liste, die in dieser vollständigen Form das erste Mal überhaupt veröffentlicht wird.

Und weil es in der näheren Umgebung des Hofgartens viele interessante Gebäude zu sehen gibt, wird an einigen Stellen auch auf sie hingewiesen. Beschrieben werden vier aufeinanderfolgende Spaziergänge durch den Hofgarten, wobei der erste an der Jacobistraße beginnt, weil dort drei bemerkenswerte Häuser stehen, deren Geschichte auch für die Spaziergänger im Hofgarten sehr interessant ist.

Doch beginnen wir mit einer kurzen Geschichte zur Entstehung des Hofgartens.

Kurze Geschichte zur Entstehung des Hofgartens

»Vor dem Ratinger Tor befindet sich ein schöner Park, der Hofgarten genannt, welchen der vorherige Kurfürst Karl Theodor zum Vergnügen der Düsseldorfer Einwohner hat anlegen lassen und darauf über 10.000 Reichsthaler verwandt hat. Am Eingang desselben befand sich ein schönes Haus, welches die Franzosen abgebrochen haben. Hinter dem Hofgarten steht das prächtige Jägerhaus, welches 1750 gebaut worden und über 50.000 Reichsthaler gekostet hat.«

So beschrieb im Jahr 1799 der preußische Generalmajor Freiherr Joseph von Jechner den damaligen Düsseldorfer Hofgarten und meinte damit den heutigen östlichen, zwischen Jacobistraße und Hofgartenstraße liegenden Teil des Hofgartens. Das Schloss Jägerhof wurde allerdings nicht 1750, sondern zwischen 1751 und 1763 erbaut.

Etwas mehr als 30 Jahre später konnte man in einer Schrift, die sich der Rheinprovinz in der preußischen Monarchie widmete, lesen: »Der Hofgarten, eigentlich das Düsseldorfer Elysium, verdankt seine Entstehung und die ganze schöne Anlage dem Grafen von Goltstein. Da, wo vor nicht langer Zeit Sandhügel, verfallenes Gemäuer und öde Steppen den Wanderer zurückschreckten, entzückt nun ein mit Geist und Geschmack angelegter Lusthain das Auge. Schöne Baumgruppen, freie Rasenplätze, schattige Alleen, liebliche Wasserpartien, überraschende Aussichten auf die Stadt, auf den Rhein machen diese Anpflanzung zu einem der angenehmsten Spaziergänge. Zu bewundern ist es, wie in dem kleinen, von der Natur nicht begünstigten Raum so große Mannigfaltigkeit hat erschaffen werden können. Aber die Kunst eines der talentvollsten Gartenkünstler, des Garteninspekteurs Weyhe, ersetzt hier reichlich, was die Natur versagte. Von irgendeiner der verschiedenen Anhöhen des Parkes umherschauend, glaubt man, in jeder einzelnen Partie des Lusthains ein schönes Landschaftsgemälde zu erblicken.«

Diese Beschreibung war zwar dem gesamten Hofgarten gewidmet, bezog sich aber insbesondere auf den durch Maximilian Weyhe ab 1804 neu angelegten westlichen Teil des Hofgartens, der zwischen der Hofgartenstraße und dem Ehrenhof liegt.

Der von Joseph von Jechner beschriebene Hofgarten war zwischen 1769 und 1770 nach den Plänen von **Nicolas de Pigage** als französischer Garten angelegt worden. (Einen Überblick über sein Leben finden Sie im Anhang.) Initiator war **Graf Johann Ludwig Franz von Goltstein,** der 1768 vom regierenden Kurfürsten Carl Theodor von der Pfalz, der zugleich Herzog von Jülich-Berg war und in Mannheim residierte, in Düsseldorf als Statthalter eingesetzt worden war. Der 1763 beendete Siebenjährige Krieg hatte auch in der Stadt Düsseldorf große Zerstörungen zurückgelassen, Missernten schürten die wirtschaftliche Not.

Die ging einher mit einer großen Arbeitslosigkeit, und so kann die Arbeit am Hofgarten in unserer heutigen Sprache durchaus als eine »Arbeitsbeschaffungsmaßnahme« bezeichnet werden, denn durch die Anlage des Gartens erhielten 700 Männer wenigstens für einige Monate Arbeit und Lohn.

Die von Jechner erwähnten 10.000 Taler, die für die Gestaltung des Hofgartens zur Verfügung standen, beliefen sich nach heutiger Währung auf ungefähr 200.000 Euro.

Bei seiner Fertigstellung war der Garten eingezäunt, und es gab drei Eingänge. Und dies war das Besondere an diesem Park: Der heute östliche Teil des Hofgartens war der erste öffentliche Park in deutschen Landen, denn Kurfürst Carl Theodor hatte seine Zustimmung gegeben, dass dieser Park »zur Lust der Einwohnerschaft als ein öffentlicher Spaziergang« angelegt werde.

Leider war diesem von allen so gelobten »Prachtgarten« zunächst nur ein kurzes Dasein vergönnt, denn 1795 wurde er infolge der Revolutionskriege durch französische Truppen zerstört, und es dauerte bis 1804, ehe mit seiner Restaurierung begonnen wurde. Dies geschah unter der Ägide des genialen Gartenkünstlers **Maximilian Friedrich Weyhe,** dessen Lebensgeschichte Sie ebenfalls im Anhang finden. Aber Weyhe restaurierte nicht nur den alten Hofgarten, sondern entwarf auch die Pläne für den heute westlichen und nördlichen Teil des Hofgartens, dessen Verwirklichung schon vor 200 Jahren höchstes Lob erhielt. Inzwischen hatte sich die Idee des englischen Landschaftsgartens durchgesetzt, und so wurde der alte Hofgarten in Teilen umgestaltet und der neue entstand vollständig im englischen Stil.

Gewissermaßen auf den Spuren von de Pigage und Weyhe wandelnd, können Sie auf den nachfolgend beschriebenen Spaziergängen die Schönheit dieses Parks erleben und erfahren dabei eine Menge über die 25 Denkmäler und Kunstobjekte, die es im Hofgarten zu bewundern gibt.

Schloss Jägerhof, Jacobihaus und Malkasten

Bevor Sie zu Ihrem ersten Spaziergang starten, sollten Sie sich den Gebäuden zuwenden, die auf der östlichen Seite der Jacobistraße stehen. Sie sehen dort das Schloss Jägerhof, das Jacobihaus und das Haus des Künstlervereins Malkasten.

Das **Schloss Jägerhof** (Abb. S. 17) wurde an dieser Stelle zwischen 1751 und 1763 anstelle eines älteren Gebäudes aus dem Beginn des 18. Jahrhunderts nach den Plänen von Johann Joseph Couvens aus Aachen errichtet. Es war das dritte Gebäude, das an dieser Straße diesen Namen trug, denn bereits im 17. Jahrhundert gab es, ungefähr am heutigen Verlauf der Düssel gegenüber der Goltsteinstraße, ein Gebäude, das den Namen Jägerhof trug. Schon 1713, zur Regierungszeit des in Düsseldorf wohlbekannten Johann Wilhelm II., Jan Wellem genannt, hatte man auf dem Platz, auf dem heute das Schloss Jägerhof steht, ein neues Gebäude gebaut, das ebenfalls den Namen Jägerhof trug. 1751 genügte aber auch dieses Gebäude nicht mehr den Ansprüchen, und man begann mit dem Bau des heutigen Jägerhofes. Der Name »Jägerhof« stammt von den bergischen »Jägermeistern«, später »Oberjägermeistern«, die bis zum Ende des 18. Jahrhunderts im Jägerhof ihren Amtssitz hatten. Ein Jägermeister hatte in früheren Zeiten eine hohe Stellung und war insbesondere für den Wildbestand im damaligen Herzogtum Berg zuständig. Seiner Stellung angemessen war der Jägerhof bis 1795 sein Dienstsitz in der Hauptstadt Düsseldorf.

Vom Namen des Jägerhofs leitet sich auch die Bezeichnung »Hofgarten« ab. Die von manchen vertretene Ansicht, der Name des Hofgartens käme von den fürstlichen Bewohnern des Schlosses Jägerhof, ist irrig. Erst 1820 zog mit Prinz Friedrich von Preußen der erste fürstliche Statthalter der preußischen Regierung in Berlin in das Schloss ein, und auch erst ab dieser Zeit prägte sich für das Gebäude die Bezeichnung »Schloss«.

Einen fürstlichen Bewohner hatte das Schloss allerdings bereits für einige Tage im November 1811, denn vom 2. bis 5. November dieses Jahres besuchte Kaiser Napoleon die Hauptstadt des von Frankreich verwalteten Großherzogtums Berg, und eigens für diesen Besuch wurde das herrschaftliche Haus, das zuvor seit Jahren verwahrlost war, wieder wohnlich eingerichtet. 16 Jahre zuvor war das Schloss zwar nicht wie der chinesische Pavillon und das Hofgärtnerhaus, über die Sie später etwas lesen können, durch französische Revolutionstruppen zerstört, aber doch geplündert worden. Nach Napoleons Besuch stand das Haus bis 1820 wieder überwiegend leer.

Prinz Friedrich von Preußen veranlasste umfangreiche bauliche Veränderungen, die zwischen 1826 und 1828 nach den Plänen von Adolph von Vagedes, von dem Sie später

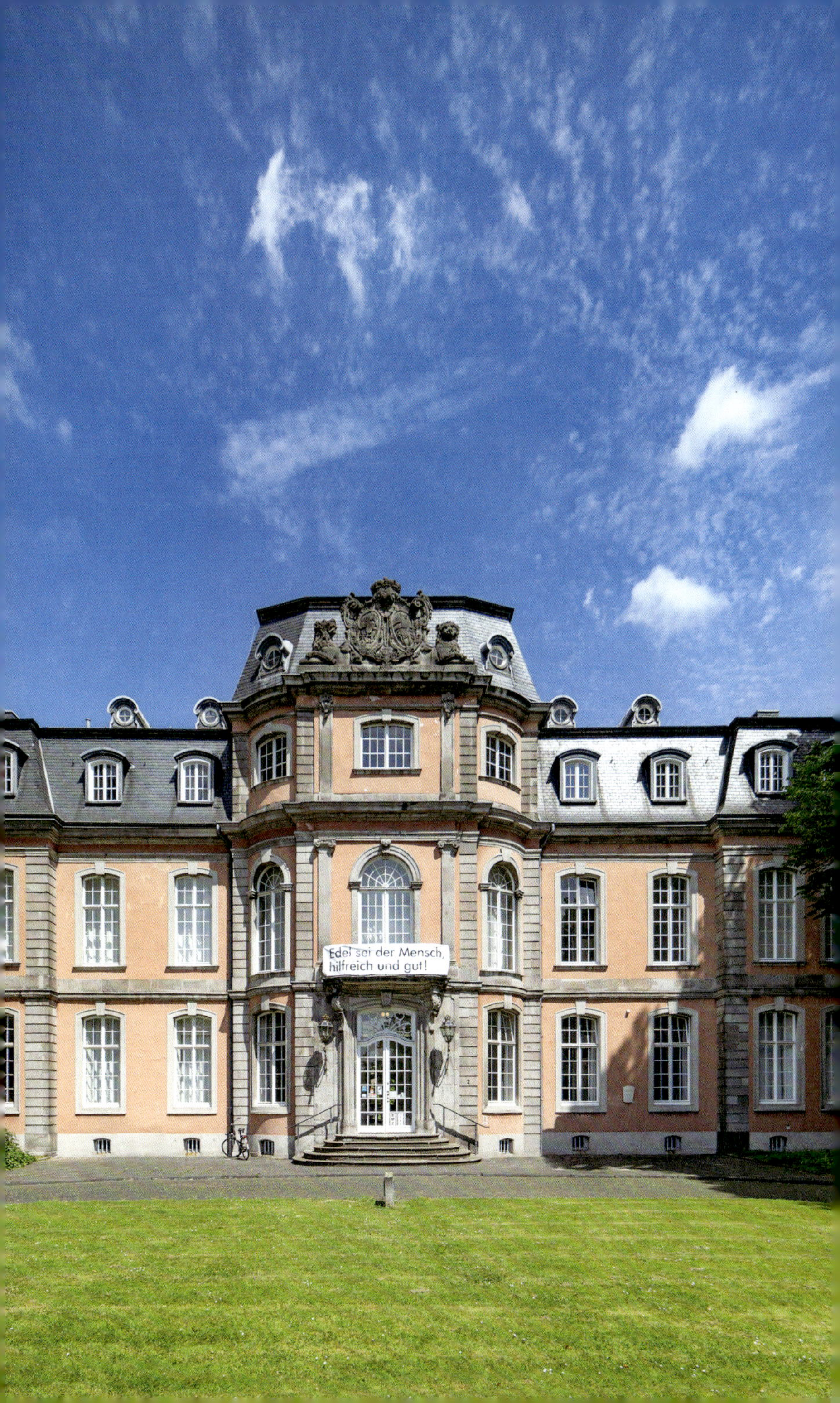
Edel sei der Mensch,
hilfreich und gut!

das Ratinger Tor sehen werden, ausgeführt wurden. Bis 1885 diente das Schloss dann den Prinzen der Hohenzollern als Residenz in der preußischen Rheinprovinz, von denen der in Düsseldorf bekannteste Karl Anton von Hohenzollern-Sigmaringen war, der mit Gattin und den Kindern Leopold, Stephanie, Karl, Anton, Friedrich und Maria zwischen 1852 und 1871 im Schloss wohnte. Bis auf Anton und Friedrich wurden den Kindern und ihren Eltern Straßen in der Düsseldorfer Innenstadt gewidmet.

Ab 1885 wurde das Haus dann bis 1909 überwiegend nicht mehr genutzt. Im Düsseldorfer Adressbuch aus dem Jahr 1899 sind ein Diener und ein Kutscher als Bewohner des Schlosses eingetragen.

1909 verkaufte der preußische Staat das Schloss mit dem älteren Teil des Hofgartens und das Hofgärtnerhaus für 1,5 Millionen Reichsmark (ungefähr 357.000 Euro) an die Stadt Düsseldorf. Die damaligen Verantwortlichen kamen auf die unselige Idee, die vorhandenen Flügelbauten des Schlosses abreißen zu lassen. Grund war die Verbreiterung der seit 1831 existierenden Jacobistraße. Im Februar 1910 wurde mit dem Abriss der beiden Seitenflügel und des Marstalls auf der heutigen Straße Alt Pempelfort begonnen. Im verbliebenden Hauptgebäude des Schlosses wurde die Dienstwohnung für den Düsseldorfer Oberbürgermeister eingerichtet. Während der Zeit der französischen Besetzung des Rheinlandes war das Haus bis 1925 Sitz der französischen Kommandantur. Am 25. August 1925 wurde die französische Trikolore am Schloss Jägerhof niedergeholt, und die französischen Truppen in Düsseldorf zogen über die Oberkasseler Brücke gen Westen.

Dann stand das Haus wieder einige Zeit leer, bis sich 1937 die NSDAP-Gauleitung das Schloss als Domizil aussuchte. 1943 wurde das Schloss durch Bomben zerstört und brannte fast völlig aus. 1950 begann man mit dem Wiederaufbau, und nach seiner Wiederherstellung war Schloss Jägerhof ab 1955 Sitz des Stadtmuseums von Düsseldorf, dann beherbergte es von 1964 bis 1986 die Kunstsammlung des Landes Nordrhein-Westfalen. Seit August 1987 ist hier das GoetheMuseum der Stadt Düsseldorf zu Hause.

Das ist sehr passend, denn rechts neben dem Schloss Jägerhof steht das **Jacobihaus** (Abb. S. 20), benannt nach der Familie Jacobi, und zu dieser Familie und zu diesem Haus hatte Johann Wolfgang von Goethe eine ganz besondere Beziehung.

1742 kaufte Johann Konrad Jacobi hier in Pempelfort, das damals noch außerhalb der Düsseldorfer Stadtmauern lag, einen ersten Garten. Er war 1736 aus Wollershausen bei Göttingen nach Düsseldorf gekommen und arbeitete im Handelshaus des Hoflieferanten Georg Christoph Fahlmer, dessen Tochter Johanna Maria er 1739 heiratete. Nach verschiedenen anderen Wohnungen zog man schließlich in das Haus Marktstraße 11, das heute nicht mehr existiert und dort stand, wo heute das ehemalige Verwaltungs-

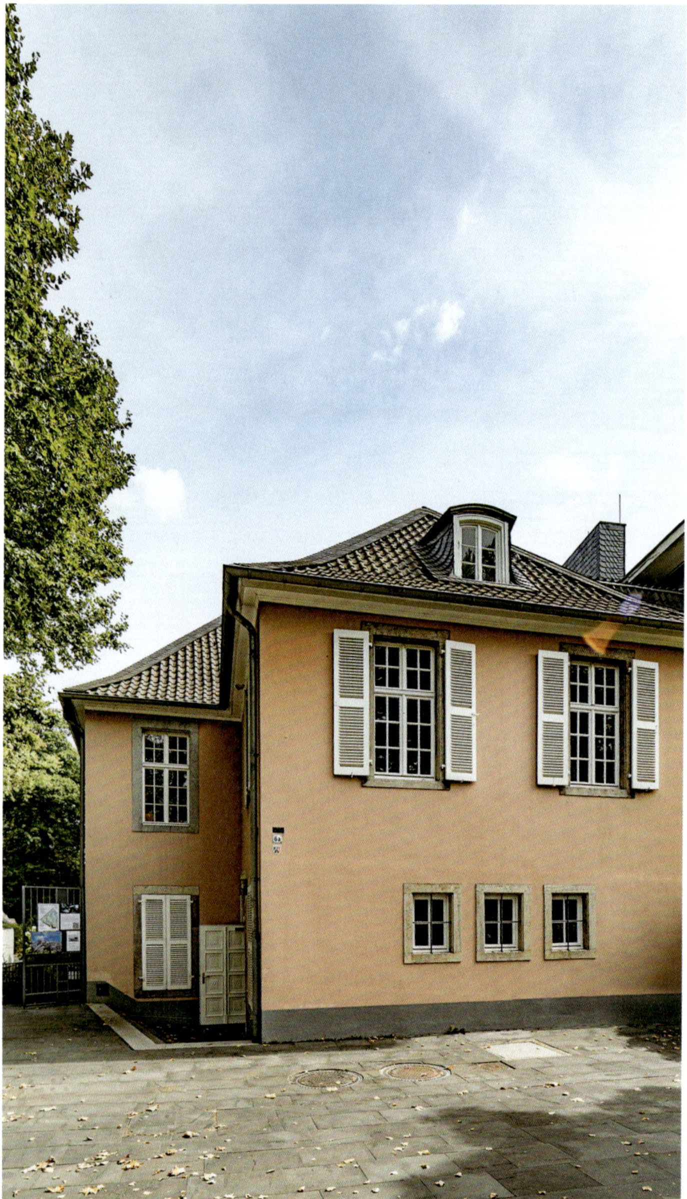

gebäude der Stadt Düsseldorf am Marktplatz steht. Dort wurden 1740 Johann Georg und 1743 Friedrich Heinrich Jacobi geboren, und Letzterer war der Mann, der das Haus, vor dem Sie nun stehen, deutschland- und europaweit zu Ruhm und Ansehen brachte. Zuvor aber übernahm sein Vater 1762 das Erbe seines Schwiegervaters in Pempelfort und vereinigte es mit dem eigenen schon vorher erworbenen Garten und den angekauften Ländereien aus der Konkursmasse seines Schwagers, des Bankiers Heinrich Kirschbaum. 1764 ließ Johann Konrad Jacobi am westlichen Rand dieser jetzt ungefähr 38.000 Quadratmeter großen Gartenfläche, entlang der heutigen Jacobistraße, eine Zuckerraffinerie errichten, um sich von holländischen Zuckerlieferanten unabhängig zu machen. Ein Jahr später zog die gesamte Familie von der Markstraße in das neu errichtete Haus in Pempelfort um.

Der Sohn Friedrich Heinrich Jacobi hatte der Familientradition folgend zunächst Kaufmann gelernt, entwickelte dann aber seine Liebe zu Literatur und Philosophie und wurde zu einem der bekanntesten Schriftsteller und Philosophen am Übergang vom 18. zum 19. Jahrhundert. Nach dem Tode seiner Eltern führte er in Pempelfort ein gastliches Haus. Die gebildete Welt des 18. Jahrhunderts kehrte hier zu Besuchen ein. Der Philosoph, Schriftsteller und Theologe Gottfried Herder, der Dichter Christoph Wieland und die Brüder Wilhelm und Alexander Humboldt sowie viele andere gehörten zu den Besuchern. Der Bekannteste aber war zweifellos Johann Wolfgang von Goethe, der hier zweimal zu Gast war, zunächst als 25-Jähriger, noch ohne Adelstitel, den er erst 1782 erhielt, und ein zweites Mal im Jahr 1792. In seinen Memoiren »Dichtung und Wahrheit« hat er seinen Aufenthalt im Jahr 1774 beschrieben, in seinem Reisebericht »Auf der Campagne« den aus dem Jahr 1792. Damals hielt er sich fast fünf Wochen im Jacobihaus auf, eine früher geplante Abreise wurde durch eine Erkrankung verhindert.

1799 entschied sich Friedrich Jacobi, das Haus in Pempelfort zu verkaufen, das er bereits 1794 wegen der anrückenden französischen Revolutionstruppen in Richtung Norddeutschland verlassen hatte. Die Schwiegereltern seines Sohnes Georg Arnold Jacobi kauften das Anwesen und zogen dort nach Renovierungsarbeiten mit Tochter und Schwiegersohn 1800 ein. Friedrich Jacobi besuchte Pempelfort 1801 das letzte Mal. Von 1807 bis 1812 war er Präsident der Bayerischen Akademie der Wissenschaften; er starb 1819 in München. Nachdem sein Sohn Georg Arnold Jacobi 1845 gestorben war, wurde das jacobische Gut drei Jahre lang von der Familie zum Kauf oder zur Pacht angeboten, zunächst zogen aber verschiedene Mieter ins Haus. Im Jahr 1855 erfolgte dann der Verkauf an den Generaldirektor der Düsseldorfer Gasanstalt, Friedrich Wilhelm Julius Brewer. Bald darauf hatte Brewer offenbar die Absicht, Haus und Garten in Parzellen zu zerlegen und gewinnbringend einzeln zu verkaufen. Außerdem bestand zu dieser Zeit doch tatsächlich die Aussicht auf ein Kohlebergwerk in Düsseldorf, denn am 10. Mai 1845 hatte man

Am Wehrhahn mit Probebohrungen begonnen, die Erfolg versprachen. Zugleich gab es damals Überlegungen, den Köln-Mindener Bahnhof, der an der heutigen Luisenstraße lag, an den Wehrhahn zu verlegen. Beides hätte die Zerstörung des Gartens der Jacobis bedeutet. 1857 kam die Rettung für den Garten und das Haus.

Am 17. September 1857 erwarben Alexander von Sybel, ein preußischer Regierungsbeamter und späterer Wirtschaftspolitiker und Bruder des Historikers Heinrich von Sybel, und Andreas Achenbach, der berühmte Maler der Düsseldorfer Malerschule, das jacobische Gut mit Haus und Garten für 22.000 Taler (ungefähr 100.000 Euro) von Friedrich Brewer. Schon damals hatten sie die Absicht, das Gut später dem Künstlerverein Malkasten zu übereignen. Der Verein gründete sich am 6. August 1848 in der Bockshalle, einem viel besuchten Lokal in der heutigen Poststraße. Die Gründungsversammlung fand am 11. August 1848 in der Restauration Prehl in der Hunsrückenstraße 12 statt. Ab 1850 tagte man in den Wintermonaten im Lokal des Herrn van der Beck in der Straße Altestadt 3, bevor der Verein ab November 1852 in das Haus Eugen Bouverots in der Ratinger Straße 3 umzog. Dort blieb man, bis 1867 der Umzug in das eigene Haus des Malkastens in der Jacobistraße vollzogen wurde.

Erster Vorsitzender des Vereins wurde Emanuel Leutze, der 1816 in Schwäbisch Gmünd geboren wurde und dessen Eltern mit ihm 1825 nach Amerika auswanderten.

In Philadelphia begann er sein Studium der Malerei und setzte es ab 1841 an der Düsseldorfer Kunstakademie fort. Sein berühmtestes Gemälde trägt den Titel »Washington Crossing the Delaware« und entstand 1851 in Düsseldorf. Es ist heute im Metropolitan Museum of Art in New York zu sehen, und jeder Amerikaner kennt es. 1859 kehrte Leutze nach Amerika zurück, wo er 1868 in Washington starb.

Zum Erwerb des jacobischen Gutes von Alexander von Sybel und Andreas Achenbach musste der Künstlerverein Malkasten aber zunächst das 1849 in Preußen eingeführte Korporationsrecht erwerben, das dem Verein den Status einer juristischen Person und damit das Recht verlieh, Eigentum zu erwerben. Es dauerte noch etwas mehr als drei Jahre, aber im April 1861 war es endlich so weit, der Verein hatte das nämliche Recht erworben, und am 17. Oktober 1861 wurde die Kaufurkunde ausgefertigt, das Jacobihaus mit Garten gehörte fortan dem Künstlerverein Malkasten. Nicht unerwähnt bleiben soll an dieser Stelle auch, dass der Kauf nicht geglückt wäre, hätte nicht der bereits 1844 gegründete Künstlerunterstützungsverein, der 2019 seinen 175. Geburtstag feierte, die Kaufabsichten des Malkastens tatkräftig unterstützt.

Weil man das Jacobihaus unverändert erhalten wollte, baute sich der Künstlerverein wenige Meter neben dem Jacobihaus ein eigenes **Fest- und Gesellschaftshaus,** das nach dreijähriger Bauzeit am 30. März 1867 eingeweiht wurde. Es wurde 1943 durch Bomben zerstört. **Der Neubau**

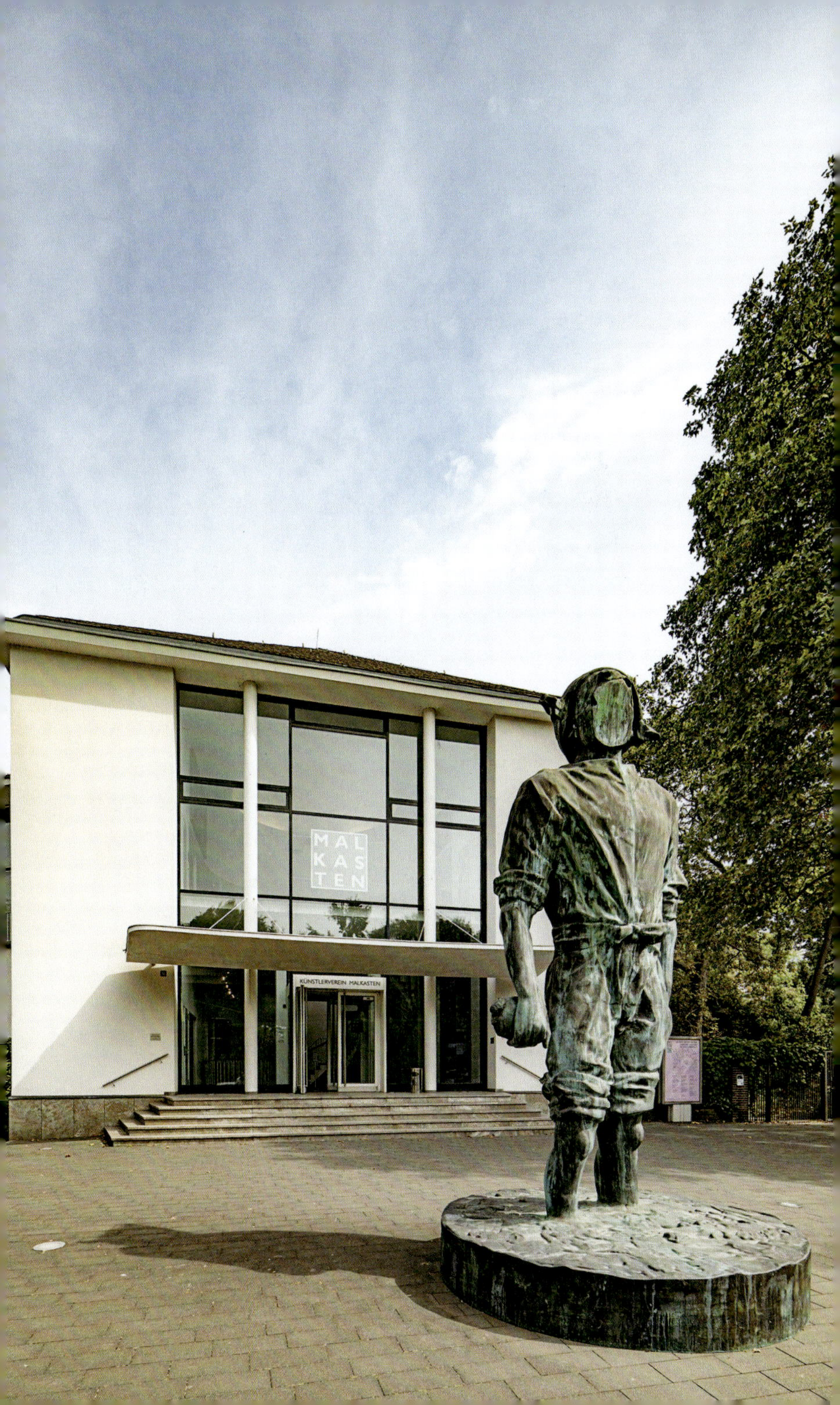
MAL
KAS
TEN
KÜNSTLERVEREIN MALKASTEN

(Abb. S. 25) wurde bis 1954 nach den Plänen der Düsseldorfer Architekten Helmut Hentrich und Hans Heuser errichtet. Heute trägt das Haus den Namen von Hentrich. Hinter dem Jacobihaus und dem Hentrichhaus verbirgt sich der wunderschöne kleine Park, der einst Teil des jacobischen Gartens war und heute Malkastenpark genannt wird. Gegen eine geringe Gebühr kann er besichtigt werden, und Besucher können auf den Spuren Goethes wandeln.

Rechts neben dem Gebäude des Malkastens stand ab 1872 das Haus Jacobistraße 10, in dem der aus Aachen stammende Georg Oeder (1846 bis 1931) mit seiner Frau Thusnelde, Ella genannt, wohnte. Oeder wurde 1846 geboren und kam 1866 nach Düsseldorf, um hier seinen Militärdienst abzuleisten. Zugleich vertiefte er seine schon zuvor autodidaktisch erworbenen Kenntnisse des Malens und wurde zu einem anerkannten Landschaftsmaler der Düsseldorfer Malerschule. 1893 wurde er zum Professor ernannt. Nachdem er das Malen krankheitsbedingt aufgeben musste, wurde er zu einem großen Förderer der Entwicklung der Stadt Düsseldorf und zu einem bedeutenden Mäzen. Aus Anlass seines 80. Geburtstages wurde er 1926 zum Ehrenbürger der Stadt ernannt. Von ihm wurden die Schmuckvasen auf der Goltsteinstraße, die Marmorbank im Goltsteinparterre und der »Gröne Jong« gestiftet, Objekte, die Sie auf unserem Spaziergang sehen werden. Die Oederallee, an der die Düsseldorfer Tonhalle liegt, ist nach ihm benannt.

Im nebenan stehenden Haus Nummer 12 lebte bis zu seinem Tod im Jahr 1846 Maximilian Weyhe, der Schöpfer des neuen Hofgartens, mit seiner Familie, nachdem sie 1808 aus dem Hofgärtnerhaus, das Sie später sehen werden, ausgezogen waren. 1943 wurden beide Häuser durch Bomben zerstört. Der Garten, der einst hinter den Häusern von Oeder und Weyhe lag, war bis in die 50er-Jahre durch die Jacobigasse, die von der Pempelforter Straße bis zur Jacobistraße führte, vom Malkastenpark getrennt. Dann wurde die Gasse aufgegeben, heute gibt es dort eine kleine Grünanlage, gewissermaßen der Wurmfortsatz des Hofgartens in östlicher Richtung, der heute den Namen »Louise-Dumont-Anlage« trägt. Das erinnert daran, dass in dieser Anlage 1955 das Denkmal für die große Schauspielerin und Intendantin des 1904 gegründeten Düsseldorfer Schauspielhauses erstmals aufgestellt wurde. Heute können wir das Denkmal in der Nähe des Hofgärtnerhauses sehen.

Jetzt aber soll es hineingehen, in den »Central Park« der Stadt Düsseldorf, deren Stadtfläche insgesamt zu 40 Prozent grün ist. Es liegen 27.000 Quadratmeter Park vor Ihnen.

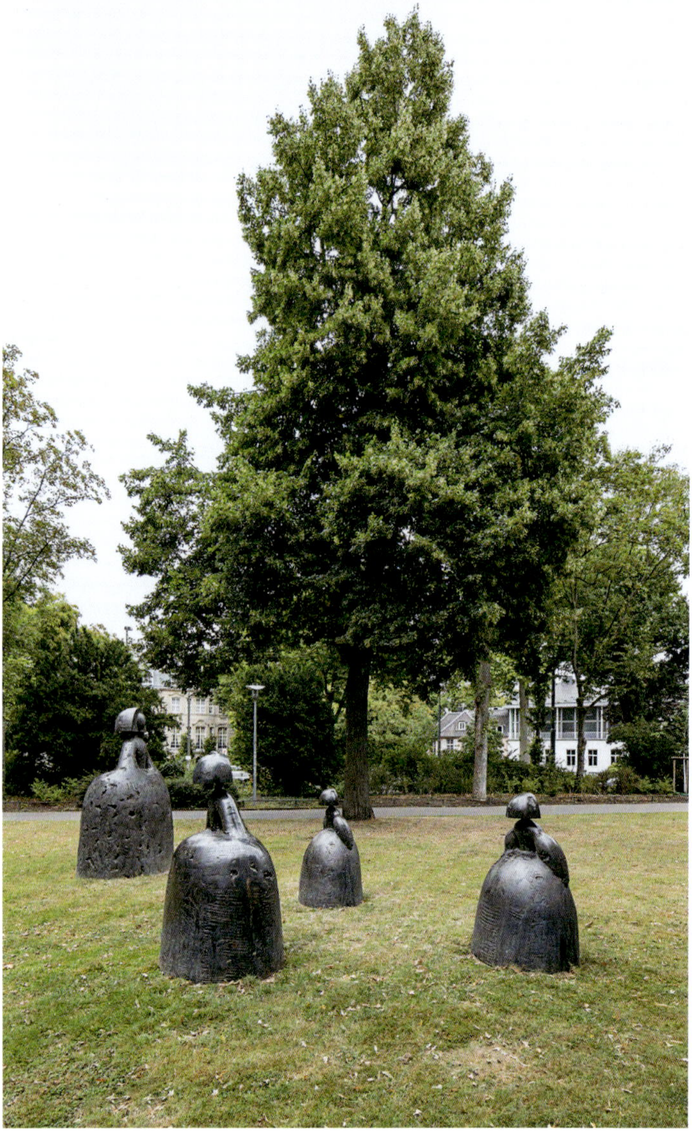

Erster Spaziergang

Unser erster Spaziergang durch den Hofgarten führt uns von der Jacobistraße bis zum Hofgärtnerhaus. Am östlichen Eingang in den Hofgarten stehen zwei Lichtsäulen aus Muschelkalk. Diese Säulen wurden 2002 im Rahmen der Euroga 2002plus aufgestellt und markieren den Eingang in den Park nach seiner Fertigstellung im Jahr 1770. Die Euroga 2002plus war eine von April 2002 bis Oktober 2003 dauernde europäische Gartenschau, die sich von Düsseldorf über den mittleren Niederrhein bis in die niederländische Provinz Limburg erstreckte. Dabei wurden mehr als 120 Projekte in 58 Kommunen realisiert.

Wenn wir uns jetzt umdrehen und auf das Portal von Schloss Jägerhof blicken, fällt auf, dass das Portal nicht auf die Jägerhofstraße ausgerichtet ist, sondern auf die **Jägerhofallee** im Hofgarten, die vor uns liegt. Das zeigt deutlich auf, dass Schloss und Hofgarten in früheren Jahren eine Einheit bildeten und beide Teile aufeinander bezogen waren.

Wundern Sie sich nicht, wenn Sie in anderen Publikationen lesen, dass Sie nicht am Beginn der Jägerhofallee, sondern der Reitallee stehen. Das ist historisch falsch, denn schon Nicolas de Pigage, der erste Erbauer des Hofgartens, nannte die Allee Jägerhofallee, und auch

Maximilian Weyhe behielt diesen Namen bei der Neugestaltung zu Beginn des 19. Jahrhunderts bei. Einem Plan aus dem Jahr 1831 ist allerdings auch zu entnehmen, dass die Jägerhofallee damals Schlossallee genannt wurde. Heute aber ist ihr offizieller Name wieder Jägerhofallee, wenn auch der Name Reitallee nach wie vor populär ist, denn durch den jährlich im Juli hier Station machenden Schützenumzug mit großer Parade, bei dem auch Pferde dabei sind, wird der Name immer wieder neu ins Bewusstsein gerufen.

Doch es gibt tatsächlich eine Reitallee im Hofgarten, nur liegt sie im westlichen Teil des Parks. Sie werden sie später sehen können.

In der Jägerhofallee sehen wir wie vor 200 Jahren Lindenbäume, aber es sind nicht mehr die ursprünglichen Bäume, denn 1795 wurden die ersten dort gepflanzten Bäume durch französische Besatzungstruppen, die im Zuge der Revolutionskriege Düsseldorf besetzt hatten, zerstört. Die Mutter von Heinrich Heine, Betty van Geldern, hat darüber ihrer Freundin Helena am 24. Februar 1796 in einem Brief berichtet: »Unser Rückweg führte uns durch den Hofgarten. Liebe Freundin, wenn Sie jetzt diesen ehemaligen Sammelplatz des Vergnügens sähen, Sie würden Mühe haben, sich sein vormaliges Sein zu erinnern; alle die schönen Bäume, die selbst mitten in der heißen Sommertagshitze einen schattigen Aufenthaltsort gewährten, waren abgehauen.«

Nach dem Abzug der französischen Besatzer im Jahr 1801 wurde der Hofgarten durch Maximilian Weyhe ab 1804 wiederhergestellt, und so konnte der berühmteste Sohn der Stadt Düsseldorf, Heinrich Heine, in seinem Buch »Le Grand« darüber schreiben, dass er als knapp 14-Jähriger Kaiser Napoleon am Sonntag, den 3. November 1811, durch die Lindenallee reiten sah: »Denke ich an den großen Kaiser, so wird es in meinem Gedächtnisse wieder recht sommergrün und goldig, eine lange Lindenallee taucht blühend empor, auf den laubigen Zweigen sitzen singende Nachtigallen, der Wasserfall rauscht, auf runden Beeten stehen Blumen und bewegen traumhaft ihre schönen Häupter – ich stand mit ihnen im wunderlichen Verkehr, die geschminkten Tulpen grüßten mich bettelstolz herablassend, die nervenkranken Lilien nickten wehmütig zärtlich, die trunkenroten Rosen lachten mir schon von weitem entgegen, die Nachtviolen seufzten – mit den Myrten und Lorbeeren hatte ich damals noch keine Bekanntschaft, denn sie lockten nicht durch schimmernde Blüte, aber mit den Reseden, womit ich jetzt so schlecht stehe, war ich ganz besonders intim. – Ich spreche vom Hofgarten zu Düsseldorf, wo ich oft auf dem Rasen lag und andächtig zuhörte, wenn mir Monsieur Le Grand von den Kriegstaten des großen Kaisers erzählte und dabei die Märsche schlug, die während jener Taten getrommelt wurden, so daß ich alles lebendig sah und hörte.« Etwas später folgt: »Und der Kaiser mit seinem Gefolge ritt mitten durch die Allee, die schauernden Bäume beugten sich vorwärts, wo er vorbeikam, die Sonnenstrahlen zitterten furchtsam neugierig durch das grüne Laub, und am blauen Himmel oben schwamm sichtbar ein goldener Stern.« Nun mag sich der aufmerksame Leser fragen, ob im November wirklich noch grünes Laub und am tagesblauen Himmel ein Stern zu sehen war, Tatsache aber ist, dass es damals eine Polizeiverordnung gab, die das Reiten mitten durch die Allee bei Strafe von 5 Talern verbot, aber natürlich bei Kaiser Napoleon eine Ausnahme gemacht wurde.

Zur wechselvollen Geschichte der Jägerhofallee gehört auch der Umstand, dass ihre Bäume während des Zweiten Weltkrieges erneut zerstört wurden. Von 30.000 Bäumen, die es vor dem Krieg in Düsseldorf gab, wurden 20.000 zerstört, natürlich auch im Hofgarten, wo sich auch die darbende Düsseldorfer Bevölkerung mit Holz versorgte. Die ersten Neuanpflanzungen in der Jägerhofallee erfolgten bereits 1946/47.

Die erste große Demonstration nach dem Ende des Zweiten Weltkriegs fand ebenfalls in der Jägerhofallee statt, denn am 28. März 1947 versammelte sich hier die Bevölkerung Düsseldorfs zur großen »Hungerdemonstration«, durch die auf die miserable Versorgung der arbeitenden Bevölkerung hingewiesen wurde.

Nachdem wir die beiden Säulen passiert haben, sehen wir links auf einer großen Wiese, uns den Rücken zuwendend, die Figuren **Las Meninas** (Abb. S. 28) des spanischen

Künstlers **Manolo Valdés,** der 1942 in Valencia geboren wurde und heute in New York und Madrid lebt und arbeitet. Las Meninas wird im Deutschen mit »Die Hoffräulein« übersetzt.

Es sind vier Figuren, die aus Anlass der ersten Quadriennale 2006 auf der Heinrich-Heine-Allee standen. Die Quadriennale war ein Kunstfest, das neben 2006 auch 2010 und 2014 in Düsseldorf stattfand und an dem sich Museen, Galerien, die Kunstakademie und weitere Institutionen beteiligten. Nach der ersten Quadriennale mit dem Thema »Der Körper in der Kunst« wurden zwei Figuren von der Stadt für 192.000 Euro gekauft, zwei weitere schenkte der Künstler der Stadt Düsseldorf. 2007 wurden sie an ihrem jetzigen Standort aufgestellt.

Vorbild für die Meninas von Valdés ist das berühmteste Gemälde des spanischen Malers Diego Velázquez, das im Jahr 1656 entstand und heute im Museo del Prado in Madrid besichtigt werden kann.

Nachdem Sie sich die Damen näher angesehen haben, gehen Sie einige Schritte zurück und biegen dann nach links ab. Nun laufen Sie genau auf das Denkmal des Mannes zu, dem wir den Hofgarten in seiner jetzigen Form zu verdanken haben.

Umrundet von Lindenbäumen und eingefasst durch ein rundes Gitter steht das **Maximilian-Weyhe-Denkmal**

(Abb. S. 35) von Carl Hoffmann, einem Bildhauer, der 1816 in Wiesbaden geboren wurde und dort 1872 starb. Er hatte sich in München und Rom ausbilden lassen und 1846 ein Atelier in Köln bezogen. Nach dem Tod von Weyhe im Jahr 1846 erhielt er den Auftrag, für diesen ein Denkmal zu gestalten.

Die Sandsteinskulptur hatte Hoffmann 1850 vollendet, allerdings wurde sie damals nicht am jetzigen Standort, sondern im botanischen Garten aufgestellt, der sich zu dieser Zeit dort befand, wo heute das Haus der Deutschen Oper am Rhein an der Heinrich-Heine-Allee steht. 1867, beim Beginn der Bauarbeiten für das dort 1875 eröffnete Stadttheater, dem Vorgänger der heutigen Oper, wurde es an seinen neuen Standort verlegt. Bei seiner Aufstellung war das Denkmal eine ziemliche Sensation. Nicht nur weil es bereits vier Jahre nach dem Tod des genialen Gartenbaumeisters errichtet wurde, sondern vor allem deshalb, weil es das erste Denkmal in Düsseldorf war, das für einen Bürger errichtet wurde.

Übrigens: Das Wort »Denkmal« taucht in der deutschen Sprache erstmals in den Schriften Martin Luthers auf. Er übersetzte das lateinische »Monumentum« (monēre = gemahnen, erinnern) und das griechische »Mnémósynon« (Gedächtnis, Denkmal) in Gedächtnisstütze oder eben Denkmal.

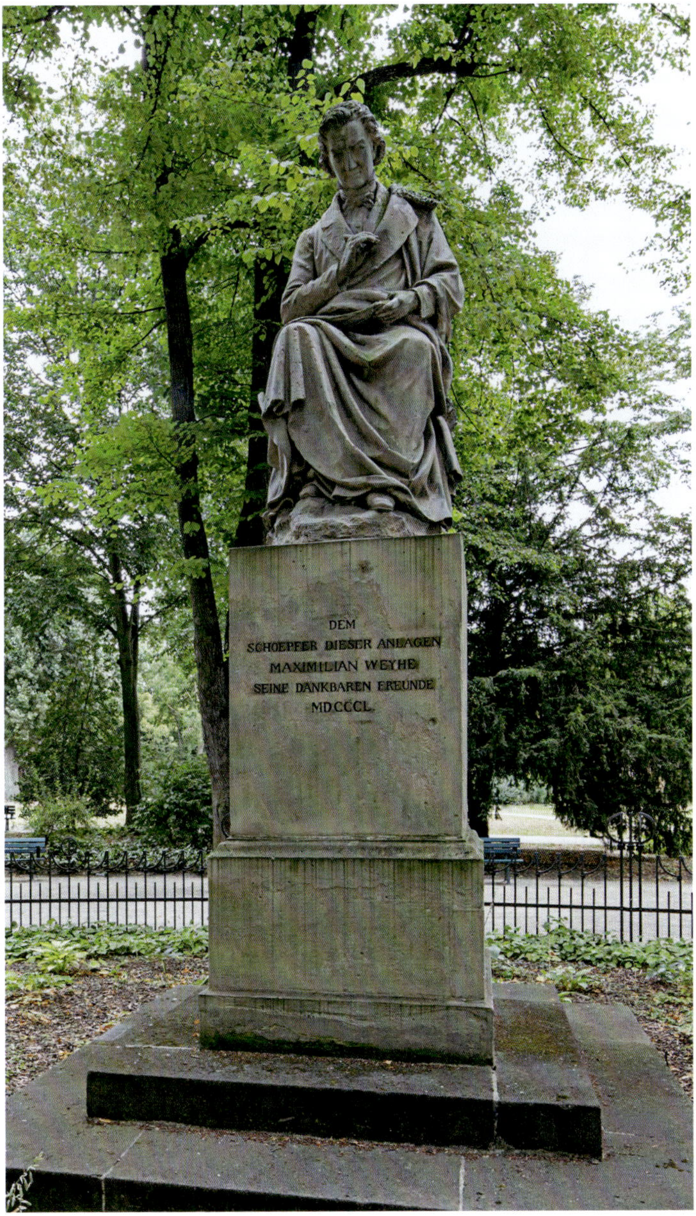
DEM
SCHOEPFER DIESER ANLAGEN
MAXIMILIAN WEYHE
SEINE DANKBAREN FREUNDE
MDCCCL.

Bis zur Aufstellung des Denkmals für Maximilian Weyhe war es jedenfalls in Düsseldorf üblich, Personen-Denkmäler nur für Angehörige regierender Häuser oder bekannte Militärs zu errichten. Das bekannteste dieser Art ist in Düsseldorf das bronzene Reiterstandbild von Johann Wilhelm II., »Jan Wellem«, auf dem Marktplatz vor dem Düsseldorfer Rathaus, das 1712 fertiggestellt und 1713 an seinem heutigen Standort feierlich enthüllt wurde.

Die Stufen des Weyhe-Denkmals bestehen aus Basaltlava, der Sockel und die Figur Weyhes aus gelbem Sandstein. Weyhe sitzt im Mantel mit Pelzkragen auf einem Baumstumpf und hält einen Stift und einen Plan des Hofgartens in den Händen.

1953 erhielt das durch Kriegseinwirkung und Verwitterung beschädigte Denkmal einen neuen Kopf, geschaffen durch den Bildhauer **Hermann Isenmann** (1908 bis 1991). 2008 wurde das Denkmal mit einem 40 Meter langen, runden Zaun gesichert; danach konnten innerhalb des eingezäunten Bereichs die traditionellen Buchsbaumkugeln wieder gepflanzt werden, die zuvor wegen des Urins der dort pinkelnden Hunde regelmäßig eingegangen waren. Aber auch der Zaun schützte den Buchsbaum nicht nachhaltig, mittlerweile gibt es rund um das Denkmal eine Staudenbepflanzung.

In Düsseldorf erinnern neben diesem Denkmal eine Tafel am Hofgärtnerhaus und die Maximilian-Weyhe-Allee an den großartigen Gartenkünstler. Die Allee wurde übrigens am 1. Februar 1934 nach Weyhe benannt, exakt 130 Jahre nach seinem Dienstantritt in Düsseldorf. Vorher hieß sie Hofgartenallee. Ebenso trägt das Haus des Garten-Friedhofs- und Forstamtes der Stadt Düsseldorf seinen Namen. Weyhes Grab befindet sich auf dem südlichen Teil des Golzheimer Friedhofs an der Fischerstraße. Dieses Gräberfeld war 1805 der erste kommunale Friedhof, der in Düsseldorf angelegt wurde, 1816 nach den Plänen von Maximilian Weyhe erweitert und gärtnerisch gestaltet.

Auf dem Sockel des Denkmals können Sie die Inschrift lesen:
Dem Schöpfer dieser Anlagen
Maximilian Weyhe
Seine dankbaren Freunde
MDCCCL

Diese Zeilen beziehen sich auf den ursprünglichen Standort des Denkmals an der heutigen Heinrich-Heine-Allee, denn diesen Teil der Anlagen, in dem Weyhe heute steht, hatte nicht er, sondern bereits Nicolas de Pigage geschaffen. Im Jahr 1850 sorgte die Inschrift für den Unwillen der Geistlichkeit, denn Kirchenvertreter waren doch tatsächlich der Auffassung, dass die Formulierung »Dem Schöpfer dieser Anlagen« eine Gotteslästerung sei, denn nur Gott könne etwas schaffen, das heißt aus nichts etwas herstellen, aber kein Mensch. Dieses Argument scheint schon damals nicht überzeugend gewesen zu sein, und deshalb können wir die Inschrift bis heute lesen.

Hinter dem Weyhe-Denkmal sehen Sie eine Wiese, Fahnenstangen und den 1966 erbauten **Musikpavillon.** Seit 1964 finden an dieser Stelle die Hofgartenkonzerte statt, und 1966 stiftete der damalige Baas, das heißt der Präsident des großen Düsseldorfer Heimatvereins Düsseldorfer Jonges, Hermann H. Raths, aus Anlass seines 60. Geburtstages der Stadt diesen Pavillon. Zum 30-jährigen Jubiläum der Hofgartenkonzerte finanzierten die Düsseldorfer Jonges im Jahr 1994 ein neues Dach für den Pavillon. Noch immer finden hier im Sommer samstags und an Sonntagen Konzerte unterschiedlicher Stilrichtungen bei freiem Eintritt statt.

Die Musik hat Tradition im Hofgarten, denn schon seit 1774 gab es sonntags Konzerte, und zwar im Hofgärtnerhaus, das Sie später sehen werden.

Gehen Sie nun links am Musikpavillon vorbei und auf die im Süden stehenden Häuser zu. Nach 50 Metern erreichen Sie das **Große grasende Fohlen** (Abb. S. 39) von **Renée Sintenis,** die 1888 in Glatz im heutigen Polen geboren wurde und 1965 in Berlin starb. Sintenis war vornehmlich Tierbildhauerin, ist aber auch durch andere Skulpturen bekannt geworden, zum Beispiel durch die Darstellung des im 20. Jahrhundert weltberühmten finnischen Läufers

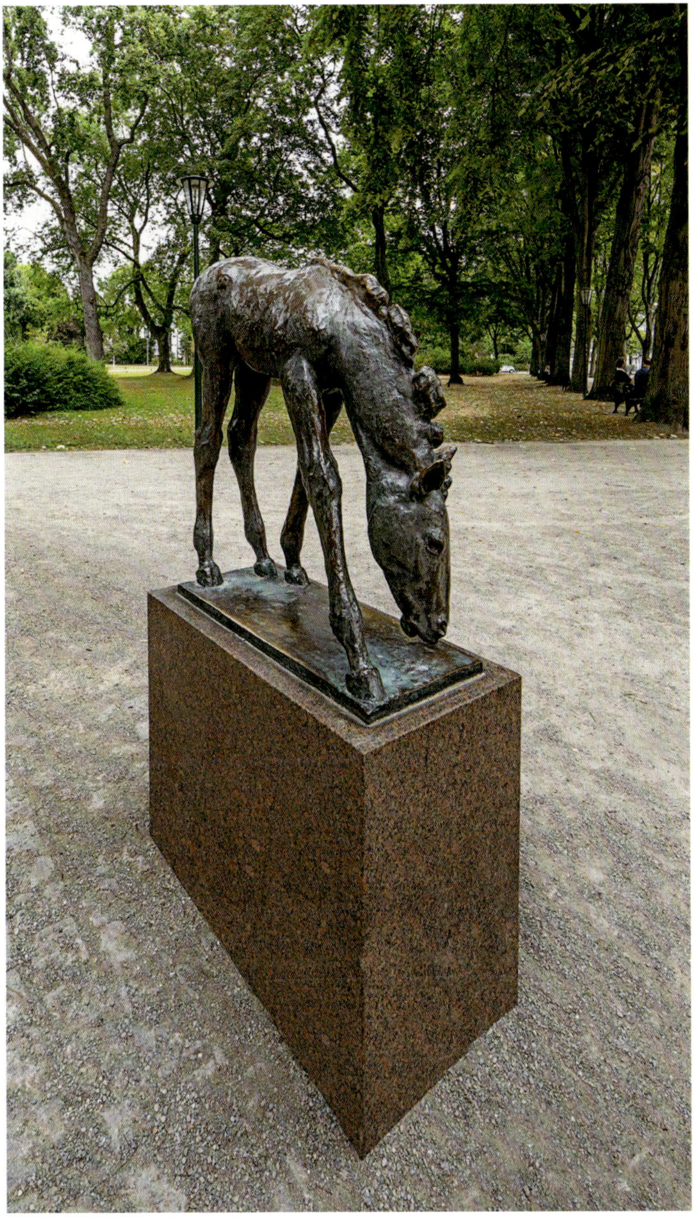

Nurmi aus dem Jahr 1926. Heute ist die Skulptur im Kolbe-Museum in Berlin zu sehen.

Das Fohlen schuf sie bereits 1929, im Jahr 1969 wurde einer der fünf Abgüsse, die anderen vier stehen in Berlin, Köln, London und Winterthur, der Stadt Düsseldorf gestiftet und auf einem roten Granitsockel an der Seufzerallee aufgestellt. Auf dem Fohlen können Sie die Signatur der Künstlerin lesen. Der am Südende der 1960 eingeweihten Berliner Allee stehende »Berliner Bär« stammt ebenfalls von ihr. Weitere Exemplare dieses Bären gibt es in Berlin-Zehlendorf und im Griffith-Park in Los Angeles zu sehen. Kleine Versionen dieser Skulptur werden seit 1953 als silberne und goldene Bären auf der Berlinale verliehen. Ein drittes Werk von Sintenis in Düsseldorf ist auf dem Hof der Grundschule an der Fleher Straße zu sehen. Dort steht der »Esel von Seelow«, den die Künstlerin 1927 schuf und der seit 1961 den Schulhof ziert.

Jetzt stehen Sie auf der **Seufzerallee** und fragen sich sicherlich, wie es zur Benennung dieses von Linden gesäumten Weges entlang der Düssel gekommen ist. Den Namen gab es bereits zu Beginn des 19. Jahrhunderts, denn schon als Heinrich Heine noch ein Kind war, kannte er die Allee unter dieser Bezeichnung. 1837 schrieb er in seiner Einleitung zur Prachtausgabe des »Don Quixote«: »Leben und Taten des scharfsinnigen Junkers Don Quixote von der Mancha, beschrieben von Miguel Cervantes de Saavedra, war das erste Buch, das ich gelesen habe, nachdem ich schon in ein verständiges Kindesalter getreten und des Buchstabenwesens einigermaßen kundig war. Ich erinnere mich noch ganz genau jener kleinen Zeit, wo ich mich eines frühen Morgens von Hause wegstahl und nach dem Hofgarten eilte, um dort ungestört den ›Don Quixote‹ zu lesen. Es war ein schöner Maitag, lauschend im stillen Morgenlichte lag der blühende Frühling und ließ sich loben von der Nachtigall, seiner süßen Schmeichlerin, und diese sang ihr Loblied so karessierend weich, so schmelzend enthusiastisch, daß die verschämtesten Knospen aufsprangen und die lüsternen Gräser und die duftigen Sonnenstrahlen sich hastiger küßten und Bäume und Blumen schauerten vor eitel Entzücken. Ich aber setzte mich auf eine alte moosige Steinbank in der sogenannten Seufzerallee, unfern des Wasserfalls, und ergötzte mein kleines Herz an den großen Abenteuern des kühnen Ritters.«

Die Erwähnung der Nachtigall bei Heinrich Heine war keine romantisierende Verklärung seiner Jugendzeit. Es hat sie in seiner Jugend tausendfach gegeben, wie Johann Ferdinand Wilhelmi, Kaufmann und Zeitungsherausgeber, in einer 1828 erschienenen Beschreibung des Hofgartens erwähnt: »Die Anlage hat einen großartigen Charakter und gewährt einen sich stets erneuernden, in allen Jahreszeiten eigentümlichen Eindruck. Besonders reizend aber ist der Frühling durch den tausendfachen Gesang der Nachtigallen. Es scheint, als wollten diese Sänger der Natur durch ihre von Jahr zu Jahr zunehmende

Zahl und den Wetteifer ihrer Töne für den freundlichen Schutz danken, den das Gesetz, mehr aber noch der gute Sinn der Einwohner Düsseldorfs ihnen bereitet.«

Das von Wilhelmi erwähnte »Gesetz« zum Schutz der Nachtigallen gab es tatsächlich, denn schon seit 1807 gab es eine Verordnung, die es verbot, Nachtigallen zu fangen und in heimischen Käfigen zu halten. Noch 1842 wurde das Einfangen von Nachtigallen mit einer »Polizeistrafe von fünf Thalern oder achttägigem Gefängnis« geahndet.

Und heute? Es gibt keine Nachtigallen mehr im Hofgarten! Das 2017 erschienene Buch über die Vogelwelt von Düsseldorf und Umgebung weist für ganz Düsseldorf für die Nachtigallen nur noch 100 Brutpaare aus, aber kein einziges im Hofgarten!

Heinrich Heine wird bei seinen frühen Ausflügen in den Hofgarten nur die weiblichen Nachtigallen gehört haben, denn wie der Name sagt, sind sie vor allem nachts und in der Dämmerung zu hören. Damit suchen die Weibchen schon in der Nacht nach einem singenden Partner, während sie tagsüber anderen Männchen anzeigen, dass das Revier besetzt ist. Doch die Nachtigall, die verschworene Zeugin der Liebe, wie sie in Charles Gounods Oper »Romeo und Julia« besungen wird, gibt es nicht mehr im Hofgarten.

Aber woher kommt nun der Name Seufzerallee? Stammen soll der Name von all den Seufzern, die den Liebespaaren entwichen, wenn sie sich nach schönen Stunden auf den auch von Heine zitierten Steinbänken entlang der Düssel voneinander verabschieden mussten. Die Steinbänke gibt es auch heute noch in der Jägerhofallee.

Apropos Düssel. Sie stehen hier an der nördlichen inneren Düssel, dem Flüsschen, dem Düsseldorf seinen Namen verdankt. Beim südöstlichen Eintritt ins heutige Düsseldorfer Stadtgebiet teilt sich die insgesamt nur 42 Kilometer lange Düssel in zwei Arme, die etwas später nochmals geteilt werden, sodass die Düssel insgesamt mit vier Armen in den Rhein fließt. Der nördliche Arm heißt Kittelbach und fließt in Kaiserswerth in den Rhein. Der südliche Arm heißt Brückerbach und erreicht den Rhein in Himmelgeist. Im inneren Stadtgebiet fließen die Südliche und die Nördliche Düssel. Die innere Südliche Düssel mündet südlich der Schulstraße in den Rhein. Die Nördliche Düssel, vor der Sie jetzt stehen, fließt von hier aus weiter durch den Hofgarten bis zur Heinrich-Heine-Allee, verschwindet dort in ein Rohr, taucht an der Josef-Wimmer-Gasse in der Altstadt noch einmal auf, bevor sie sich unterhalb des Burgplatzes in den Rhein verabschiedet.

Wenn Sie über die Düssel hinwegblicken, schauen Sie auf die Goltsteinstraße, die nach **Graf Johann Ludwig Franz von Goltstein** (1719 bis 1776) benannt wurde. Graf Goltstein war der Statthalter des Kurfürsten Carl Theodor von der

Pfalz (1724 bis 1799), zu dessen Herrschaftsgebiet ab dem 31. Dezember 1742 auch die Herzogtümer Jülich und Berg mit der Hauptstadt Düsseldorf gehörten. Carl Theodor war aber als Kurfürst auch Herzog der damals sogenannten Kurpfalz und zog als Regierungssitz Mannheim vor, bevor er 1778, nachdem er auch Kurfürst von Bayern geworden war, seine Residenz nach München verlegte. Obwohl er nicht in Düsseldorf residierte und die Stadt während seiner langen Regierungszeit nur dreimal besuchte, hat ihm die Stadt viel zu verdanken. Die Neubauten des Benrather Schlosses und von Schloss Jägerhof, der Umbau des Rathauses und die südlich der Altstadt gelegene und nach ihm benannte Carlstadt sind einige Beispiele dafür. Aber auch dem Grafen Goltstein darf Düsseldorf dankbar sein, denn die Idee zur Anlage des Hofgartens kam von ihm. Dadurch wurde er auch zum Vater des ersten Arbeitsbeschaffungsprogramms in Düsseldorf, denn nach dem Siebenjährigen Krieg (1756 bis 1763) waren viele Männer in Düsseldorf arbeitslos. Durch die Anlage des Hofgartens, mit der 1769 begonnen wurde, fand ein Teil von ihnen wenigstens für eine gewisse Zeit Arbeit und Lohn.

Im 19. Jahrhundert war die Goltsteinstraße neben der Jägerhofstraße auch als Straße der Maler bekannt und verlief bis zur Hofgartenstraße. Von dort bis zur Bleichstraße, also dort, wo heute das Schauspielhaus steht, standen bis zum Ende des Zweiten Weltkriegs die Häuser 1 bis 13. Dort wohnte einst der durch die Düsseldorfer

Malerschule berühmt gewordene Oswald Achenbach in Haus Nummer 9. Sein Nachbar in Nummer 8 war der Begründer der Gerresheimer Glashütte, Ferdinand Heye, und in Nummer 6 wohnte Carl Dieterich, einer der beiden Brüder der Brauerei Dieterich, einer der ersten Großbrauereien des 19. Jahrhunderts in Düsseldorf, die ihren Sitz an der Duisburger Straße hatte und 1868 gegründet worden war. Auch im weiteren Verlauf glänzt die Goltsteinstraße mit Namen aus der Düsseldorfer Stadt- und Kunstgeschichte. In den Häusern 15 bis 17 lebte und wirkte der Wegbereiter des deutsch-japanischen Handels und der erste preußische Konsul in Japan, Louis Kniffler (1827 bis 1888). Eine Gedenktafel der Alde Düsseldorfer Bürgergesellschaft erinnert daran. Im Haus Nummer 18 wohnte der berühmte Architekt Peter Behrens, in Nummer 22 Eduard Ireland, der als 20-Jähriger 1850 aus England zum Studium an die Kunstakademie gekommen war und bis zu seinem Tod 1896 in Düsseldorf blieb. Im Haus Nummer 23 wohnte Karl Rudolf Sohn aus der Malerfamilie der Sohns, in Nummer 24 der Arzt, Schriftsteller und Komponist Richard Hasenclever und im Haus Nummer 29 der in Düsseldorf wohlbekannte Maler Benjamin Vautier.

Zwischen Düssel und Goltsteinstraße sehen Sie auf einer Rasenfläche vier große barocke **Schmuckvasen** aus französischem Sandstein, die dort 1910 aufgestellt wurden. Stifter war der schon erwähnte Landschaftsmaler und Mäzen **Georg Oeder.** Künstlerisch gestaltet wurden die Vasen vom Bildhauer **Joseph Hammerschmidt,** der 1873 in Münster geboren wurde, von 1895 bis 1901 an der Kunstakademie in Düsseldorf studierte und hier 1926 starb. Und wenn Sie diesen Spaziergang in einer ruhigen, vom Verkehrslärm nicht gestörten Stunde machen, stellen Sie sich vor, Sie stünden im Schlosspark von Versailles, denn Hammerschmidt hat sich von den dortigen Vasen inspirieren lassen und entsprechende Kopien angefertigt.

Nun wenden wir uns wieder dem Hofgarten zu, sehen die Rückansicht des Musikpavillons, gehen links an ihm vorbei und folgen dem Weg bis zur Jägerhofallee. Dort sehen wir auf der linken Seite die **Stephanienbüste** (Abb. S. 47) von **Julius Bayerle.** Bayerle wurde 1826 in Düsseldorf geboren und starb hier 1873. Er war Bildhauer und Maler sowie Hochschullehrer an der Kunstakademie Düsseldorf. 1890 musste die Büste erneuert werden, nachdem einige Damen sie mit Säure gereinigt und dadurch zerstört hatten. Diese Aufgabe übernahm der 1851 in Münster geborene Bildhauer und Maler **Josef Tüshaus,** der 1874 zum Studium nach Düsseldorf gekommen war. Von ihm und dem Bildhauer Karl Jansen stammt auch die Plastik »Vater Rhein und seine Töchter«, die seit 1897 in Bronze und Granit vor dem Ständehaus steht, dem heutigen Sitz des K 21 am Kaiserteich im Ständehauspark. Auch die Stephanienbüste stand ab 1860 zunächst im botanischen Garten an der heutigen Heinrich-Heine-Allee, und zwar dort, wo heute das Kriegerdenkmal steht. Als dieses 1892 eingeweiht wurde, wurde die Büste gegenüber dem Denkmal aufgestellt, aber das passte nicht zusammen. Seit 1958 steht sie an ihrem heuti-

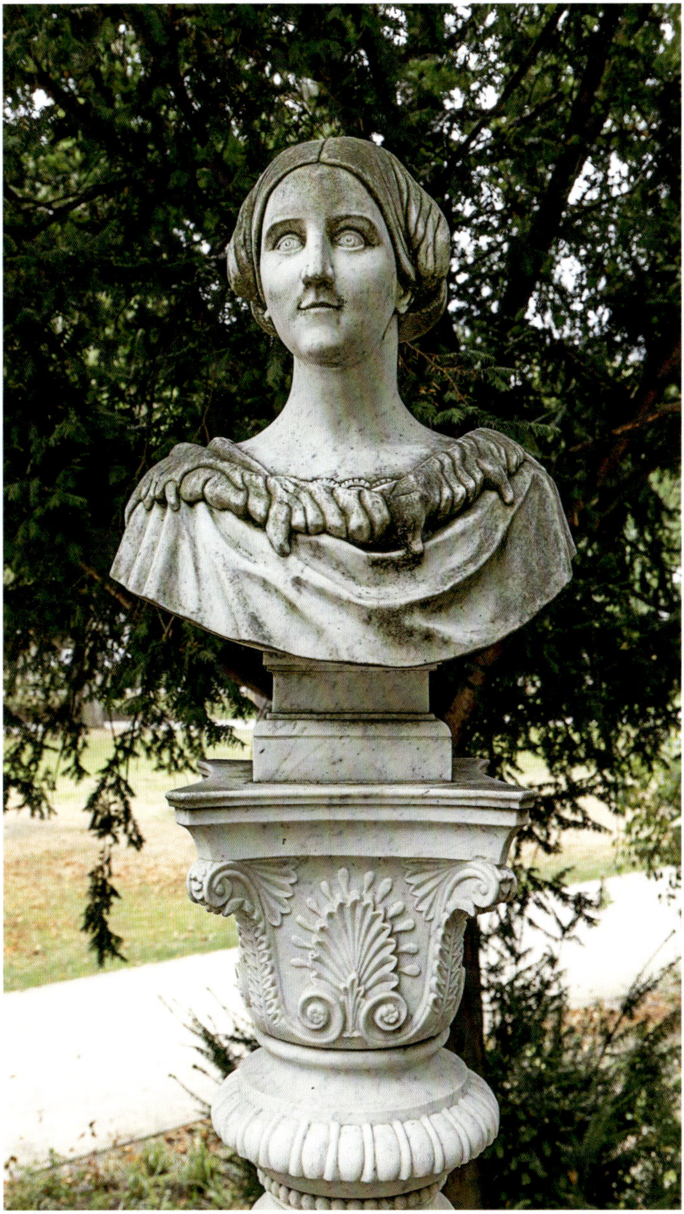

gen Platz. Wir sehen über dem Sockel eine schlanke korinthische Säule mit der Marmorbüste der zweiten Düsseldorferin, die Königin von Portugal wurde. Auf dem Sockel können wir lesen: »Dem Andenken an Stephanie, Königin von Portugal, Prinzessin von Hohenzollern, die Freundin der Armen.«

Stephanie von Hohenzollern-Sigmaringen wurde am 15. Juli 1837 auf Schloss Krauchenwies im heutigen Baden-Württemberg geboren und kam 1852 mit ihrer Familie nach Düsseldorf. Ihr Vater Karl Anton war von der preußischen Regierung als Divisionskommandeur nach Düsseldorf entsandt worden und wohnte mit seiner Familie im Schloss Jägerhof. In Düsseldorf wurde Stephanie, obwohl noch jung an Jahren, bald als »Engel der Armen« bekannt, weil sie sich zusammen mit ihrer Mutter intensiv um Kranke und Hilfsbedürftige kümmerte.

Am 29. April 1858 heiratete sie per procurationem in der Hedwigskirche in Berlin den portugiesischen König Pedro V. und wurde dadurch Königin von Portugal. Allerdings stand Pedro nicht an ihrer Seite, sondern stattdessen ihr ältester Bruder Leopold. Solche Eheschließungen in Abwesenheit des Ehemannes waren damals in Fürstenhäusern üblich, auch Johann Wilhelm II., Jan Wellem, hatte Anna Maria Luisa de Medici auf diese Weise geheiratet. Durch ihre Heirat wurde Stephanie eine der Nachfolgerinnen von Marie Sophie Elisabeth von der Pfalz, die am 6. August 1666 auf Schloss Benrath geboren wurde und am 4. August

1699 in Lissabon starb. Sie war eine Schwester von Johann Wilhelm II. und heiratete am 2. Juli 1687 in Heidelberg ebenfalls per procurationem Pedro II. von Portugal und war damit die erste portugiesische Königin, die aus Düsseldorf kam.

Nach ihrer Heirat kehrte Stephanie noch einmal nach Düsseldorf ins Schloss Jägerhof zurück und wurde dann mit allen Ehren nach Portugal verabschiedet. Sie begab sich mit Zug und Schiff auf den Weg nach Lissabon, bis Brüssel von ihren Eltern und ihrem Bruder Leopold begleitet. In Brüssel verabschiedete sich die Mutter, in London der Vater, Leopold begleitete sie bis nach Lissabon, wo sie am 18. Mai eintraf. Auch in Lissabon setzte sie ihr mildtätiges Wirken fort, erkrankte aber schon bald an Halsbräune, wie damals die Diphtherie genannt wurde, und starb am 17. Juli 1859. Ihr Gatte Pedro, im selben Jahr wie Stephanie, 1837, geboren, wurde nur zwei Jahre älter als sie. Beider Sarkophage sind im Kloster São Vicente de Fora aufgestellt. In der portugiesischen Hauptstadt sind ein Krankenhaus, eine Straße, ein Platz und eine Gasse nach ihr benannt.

In Düsseldorf feiern die Schützen, organisiert durch den St. Sebastianus Schützenverein von 1316, jedes Jahr am zweiten Sonntag im Mai in Erinnerung an diese großartige junge Frau den Stephanientag, der immer mit einer Kranzniederlegung an ihrer Büste beginnt, denn Stephanie war wie ihr Vater auch dem Schützenwesen in Düsseldorf sehr zugetan.

Neben der Stephanienbüste wird auch durch die Stephanienstraße in der Düsseldorfer Innenstadt die Erinnerung an diese eindrucksvolle Frau wachgehalten. Aber sie ist nicht die Einzige aus der Familie Hohenzollern-Sigmaringen, derer durch Straßenbenennungen in Düsseldorf gedacht wird. Es gibt wohl keine Familie, deren Mitglieder in Düsseldorf so zahlreich mit Straßenbenennungen geehrt wurden wie diese. Dem Vater von Stephanie ist die Karl-Anton-Straße, der Mutter die Josephinenstraße gewidmet, die Marienstraße soll nach ihrer Schwester Marie benannt worden sein. Keine Berücksichtigung haben ihre Brüder Anton und Friedrich gefunden. Anton fiel als fast 25-Jähriger in der Schlacht bei Königgrätz im Jahr 1866, Friedrich hatte den Nachteil, dass die Preußen einen König desselben Namens hatten, nach dem die Friedrichstraße benannt ist. Dafür haben ihre Brüder Leopold und Karl bedeutende Rollen in der europäischen Geschichte gespielt. Sie sind ebenfalls durch Straßenbenennungen geehrt worden. Leopold war derjenige, der 1870 durch Bismarck dazu gedrängt wurde, sich um die spanische Thronfolge zu bewerben. Obwohl er seine Kandidatur wieder zurückzog, war dies eine der Ursachen für den Deutsch-Französischen Krieg 1870/71. Und Karl wurde 1881 erster König von Rumänien, nannte sich fortan Carol I., und die Düsseldorfer waren so stolz darauf, dass sie 1884 die Karlstraße nach ihm benannten.

Wenn Sie jetzt in der Jägerhofallee stehen, können Sie die **Lichtbänke** (Abb. S. 51) von **Stefan Sous** sehen. Stefan Sous

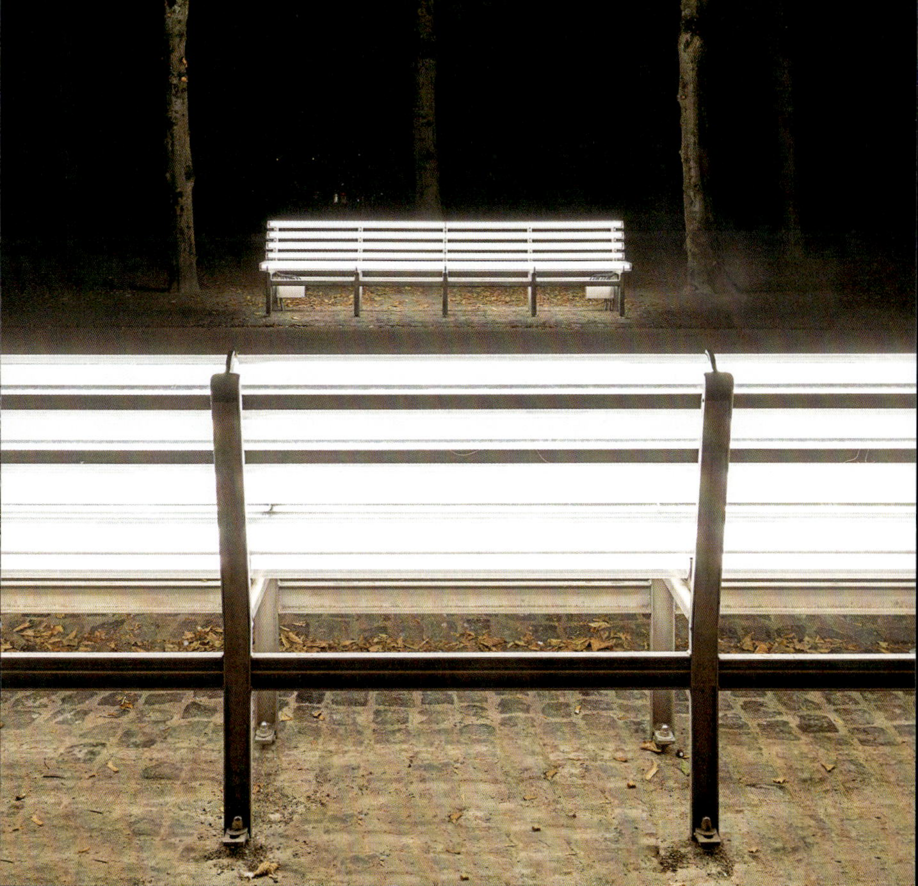

wurde 1964 in Würselen bei Aachen geboren und lebt und arbeitet heute in Düsseldorf. Aufgestellt wurden die Bänke im Jahr 2002 ebenfalls im Rahmen der Euroga 2002plus. Neben den Lichtsäulen am östlichen Eingang war ein weiteres Projekt in Düsseldorf die Kunstausstellung »hellgrün«, in deren Rahmen die 14 Bänke in der Jägerhofallee unter dem Titel »UVA-UVB« installiert wurden. Weil Teile der Bänke immer wieder zerstört wurden, ließ sie die Stadt 2019 abmontieren und sanieren. Im November 2021 wurden sie mit besserer Materialbeschaffenheit und LED-Technologie wieder aufgestellt, und nun hoffen alle Verantwortlichen, dass sich der Vandalismus früherer Jahre nicht wiederholt und sich die Besucher bei Einbruch der Dunkelheit an den strahlenden Bänken erfreuen können.

Nördlich der Jägerhofallee verläuft die Jägerhofstraße, und genau wie die vorhin erwähnte Goltsteinstraße war auch diese Straße im 19. Jahrhundert eine bevorzugte Adresse für die Künstler der berühmten Düsseldorfer Malerschule. Zum Ende des 19. Jahrhunderts lebten und arbeiteten hier 16 Maler, unter anderem Theodor Mintrop und Werner Holmberg, der 1853 als erster Finne als Student an die Kunstakademie kam und ein berühmter Landschaftsmaler wurde.

Viele der Häuser wurden im Zweiten Weltkrieg zerstört und durch neue Gebäude ersetzt. Das inzwischen unter Denkmalsschutz stehende Haus Nummer 21 wurde 1958 nach den Plänen von Arno Breker errichtet, der während der Nazizeit zu den Lieblingsarchitekten und Bildhauern von Adolf Hitler gehörte und deshalb nach dem Krieg vielfach angefeindet wurde. Wenn wir am Ende unseres vierten Spaziergangs im Ehrenhof angelangt sind, werden Sie ein Kunstwerk von ihm sehen können.

Sehenswert ist auch die Natursteinfassade des Hauses 19–20, dessen Brüstung zwischen erster und zweiter Etage ein eindrucksvolles Relief ziert.

Wir kehren auf die Jägerhofallee zurück, gehen in Richtung Westen und laufen auf ein großes Wasserbecken mit dem in der Mitte platzierten »Gröne Jong« zu. Bevor wir uns ihm näher widmen, sollten Sie sich jedoch zunächst nach links wenden, über eine kleine Brücke die Düssel überqueren und sich im **Goltsteinparterre** umschauen. Als der Hofgarten angelegt wurde, gab es diesen kleinen Garten noch nicht. Er entstand, zusammen mit der östlich liegenden Rasenfläche mit den Schmuckvasen, ab 1893 nach der Idee von **Friedrich Hillebrecht,** der seit 1879 das Düsseldorfer Gartenamt leitete. Später wurde es durch seinen Nachfolger **Walter von Engelhardt** verändert.

An der Ostseite des Goltsteinparterres sehen Sie die eindrucksvolle Statue von **Karl Immermann** (Abb. S. 54). Geschaffen wurde sie von **Clemens Buscher,** der von 1883 bis 1902 als Lehrer an der Düsseldorfer Kunstgewerbeschule lehrte und dessen berühmtester Schüler Wilhelm Lehmbruck war, zu dem sich noch kurz vor seinem Tod Joseph Beuys als Vorbild bekannte. Immermann, der 1796

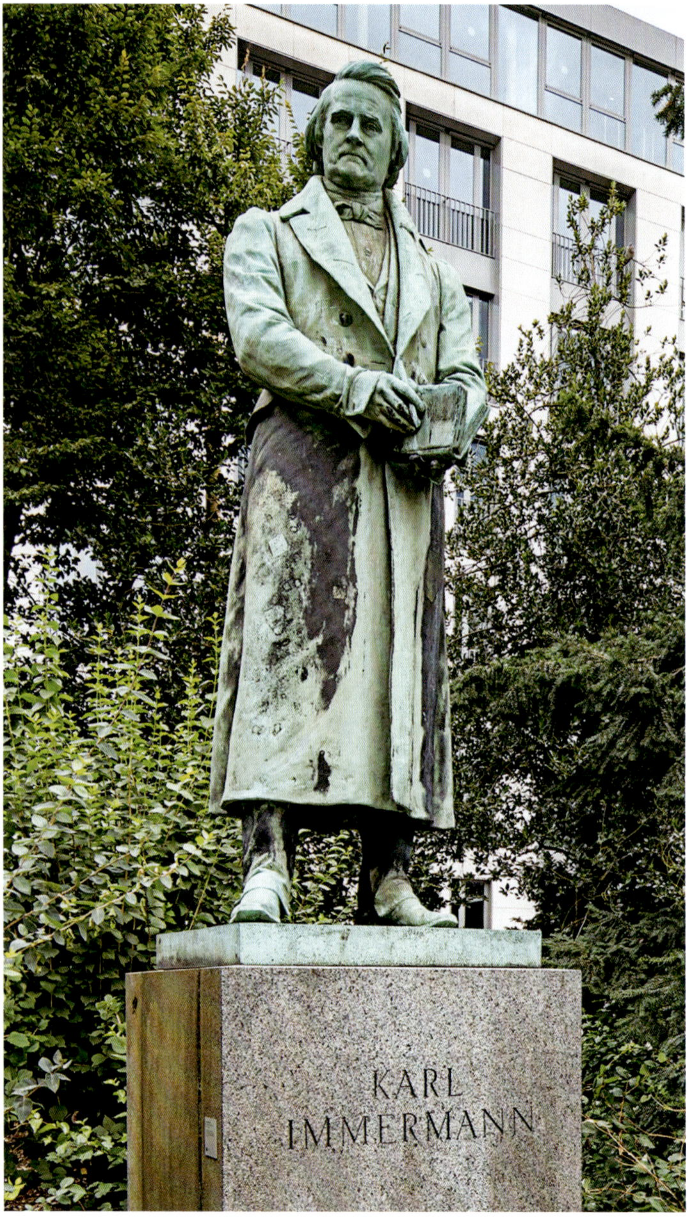
KARL
IMMERMANN

in Magdeburg geboren wurde und 1840 in Düsseldorf starb, war Landgerichtsrat in Düsseldorf und von 1834 bis 1837 Direktor des alten Düsseldorfer Stadttheaters am Marktplatz. Während dieser Zeit war er von der preußischen Regierung in Berlin von seiner juristischen Arbeit freigestellt. Immermann gilt als Begründer des »Reformtheaters«, weil er durch einen literarisch beachtlichen Spielplan versuchte, die damalige Theaterkultur zu heben.

Weil er nur wenig öffentliche und politische Unterstützung fand, gab er seine Stelle als Theaterdirektor 1837 auf. Ein Grund war, dass in diesem Jahr durch den Stadtrat entschieden wurde, nicht länger Immermanns Theater zu unterstützen, sondern das Geld für den Bau des ersten Düsseldorfer Hauptbahnhofs zu verwenden, der damals am heutigen Graf-Adolf-Platz lag und 1838 eröffnet wurde. Bei der Neugründung des Düsseldorfer Schauspielhauses durch Louise Dumont, deren Denkmal Sie später sehen werden, und Gustav Lindemann im Jahr 1905 haben sich beide ausdrücklich auf Immermann bezogen. Immermann war in den 1830er-Jahren eine herausragende Persönlichkeit im gesellschaftlichen und literarischen Leben der Stadt Düsseldorf und pflegte unter anderem Kontakte zu Johann Wolfgang von Goethe, Heinrich Heine, Ferdinand Freiligrath und Wilhelm von Schadow. Mit Christian Dietrich Grabbe und Felix Mendelssohn Bartholdy arbeitete er zusammen am Stadttheater. Immermann war jedoch nicht nur Jurist und Theaterdirektor, sondern auch ein im 19. Jahrhundert bekannter Dramatiker, Lyriker und Lustspielautor. Seine bekanntesten Romane sind »Epigonen« und »Münchhausen«. Sein lyrisches Werk wurde unter anderem von Heinrich Heine sehr bewundert, vor allem sein Versepos »Tulifäntchen« aus dem Jahr 1830. In seinem Gedicht »Auf dem Heimwege« nahm er Bezug auf das grimmsche Märchen »Von dem Fischer un syner Fru«.

Auf dem Heimwege
Recht so! Ein Zaubermärchen
Mit bekanntem Schlusse!
In seiner Hütte singet
Vergnügt der Arme.
Findet den Talisman:
Kalifenpalast!
Rosengärten,
Schwellende Polster,
Süße Musik,
Und der Sultanin Kuss!
Immer höher!
»Möchte gern Gott seyn ...«
Sitzet wieder
In seiner Hütte
Und singt nicht mehr.

Seit 1884 ist die Immermannstraße in der Düsseldorfer Innenstadt nach Karl Immermann benannt.

Das Denkmal, vor dem Sie gerade stehen, stand nicht immer im Goltsteinparterre. Feierlich eingeweiht wurde es am 3. August 1901 in der rechten Fassadennische des damaligen Stadttheaters, dort, wo sich heute die Deutsche Oper am Rhein an der Heinrich-Heine-Allee befindet. In der linken Nische stand die Statue von Felix Mendelssohn Bartholdy. Als dessen Statue im Zuge der nationalsozialistischen Säuberungen 1936 entfernt und 1940 eingeschmolzen wurde, stand Immermann allein, und weil das nicht passend aussah, wurde er ebenfalls entfernt, gelagert und im März 1940, hundert Jahre nach seinem Tod, im Goltsteinparterre aufgestellt. Felix Mendelssohn Bartholdy erlebte eine Wiedergeburt in Düsseldorf. Sie werden ihn im Verlaufe Ihres Spaziergangs an der Heinrich-Heine-Allee sehen.

Auf der Südseite des Goltsteinparterres sehen Sie eine **Marmorbank mit Katzen** (Abb. S. 58), die von vielen fälschlicherweise dem berühmten Architekten, Maler, Designer und Typografen Peter Behrens zugerechnet wird. Behrens wurde 1868 in Hamburg geboren und starb 1940 in Berlin. Ab 1885 studierte Behrens an der Kunstakademie in Karlsruhe, ab 1889 in Düsseldorf und München. Von 1903 bis 1907 war er Leiter der Kunstgewerbeschule am Burgplatz, und von ihm stammt der Behrensbau am Mannesmannufer, der von 1911 bis 1912 errichtet wurde und als Beispiel für die neue Sachlichkeit in die Architekturgeschichte einging. Seine Assistenten waren damals die heute ebenso berühmten Architekten Walter Gropius, Ludwig Mies van der Rohe und Le Corbusier. 1921 wurde Behrens als Professor an die Kunstakademie Düsseldorf berufen.

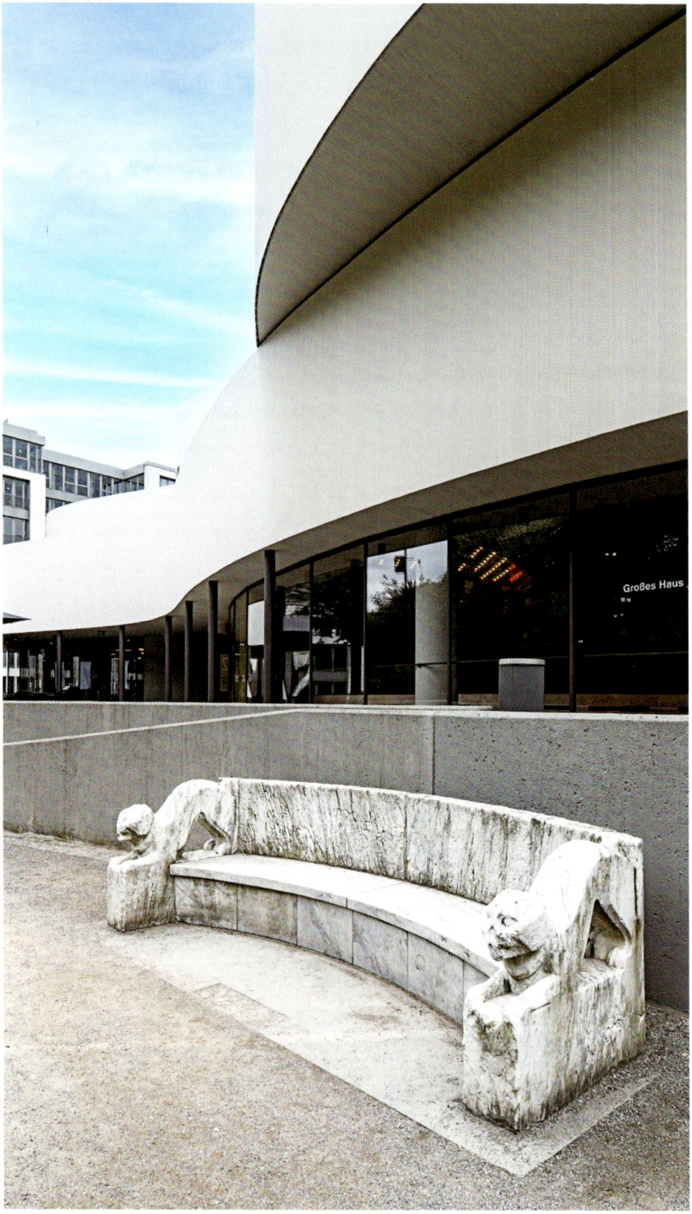
Großes Haus

Die Bank im Goltsteinparterre aber stammt nicht von ihm, sondern von Hans Demmler, der wiederum ein Schüler des Bildhauers Rudolf Bosselt war. Entstanden ist die Bank aus Anlass der Internationalen Kunst- und Gartenausstellung im Jahr 1904, an der sich Peter Behrens durch einen neuartig gestalteten Garten beteiligte und damit viel Aufsehen erregte. Während die Kunstausstellung überwiegend im damaligen Kunstpalast, heute das östliche Gebäude des Museums Kunstpalast, stattfand, erstreckte sich das Gartengelände vom nördlichen Flügel des Kunstpalastes bis zum heutigen Rheinpark. Die Cecilienallee gab es damals noch nicht. Behrens Garten, der vom Kölner Gartenarchitekten Konrad Bartels ausgeschmückt wurde, erregte insbesondere deshalb Aufsehen, weil er für die Gestaltung der einzelnen Gartenelemente viel Holz verwendete, was ihm dann den Spitznamen »Lattenpitter« einbrachte und ihn kränkte. Und ein Bestandteil dieses Gartens waren zwei Marmorbänke von Hans Demmler. Die ebenfalls marmornen Armlehnen der einen Bank stellten Hunde dar, die der zweiten Katzen.

Und vor dieser Katzenbank aus dem Jahr 1904 stehen Sie nun. Auch die Hundebank stand einst im Goltsteinparterre, und zwar dort, wo heute die Karl-Immermann-Statue steht. Seit deren Aufstellung im Jahr 1940 ist die Bank spurlos verschwunden. Ebenso wie die Schmuckvasen an der Goltsteinstraße wurden die Bänke von Georg Oeder gestiftet.

Wenn Sie sich jetzt wieder der Düssel zuwenden, gehen Sie an einem weiteren Denkmal vorbei, das dem großen Schauspieler, Regisseur und Intendanten **Gustaf Gründgens** (Abb. S. 61) gewidmet ist. Das Denkmal aus Marmor aus Carrara zeigt Gründgens hinter einem Vorgang stehend, kurz vor dem Beginn einer Vorstellung. Es wurde in Italien von **Peter Rübsam** (* 1941) geschaffen, wiegt 25 Tonnen und wurde im Oktober 1984 aufgestellt. Auf dem Sockel lesen wir neben den Lebensdaten: »Er liebte es nicht, den Vorhang zu öffnen, hinter dem er sich selbst verbarg. Wir wollen nach seinem Tod nicht zudringlicher werden als zu seinen Lebzeiten.«

Gustaf Gründgens wurde am 22. Dezember 1899 in Düsseldorf in der Graf-Adolf-Straße 94 geboren, später zogen seine Eltern nach Oberkassel in die Glücksburger Straße 6 um. In Oberkassel besuchte er das neu gegründete Gymnasium (heute Comenius-Gymnasium) in der Sonderburgstraße 9, das er jedoch während des Ersten Weltkriegs ohne Abitur verließ; 1917 wurde er als 17-Jähriger eingezogen und spielte im heutigen Saarland in einem Fronttheater. Nach dem Krieg studierte Gründgens an der Hochschule für Bühnenkunst bei Louise Dumont am Düsseldorfer Schauspielhaus. 1928 ging er nach Berlin und feierte dort seinen Durchbruch mit der Darstellung des Mephistos im Dezember 1932 im Berliner Staatstheater am Gendarmenmarkt. 1934 wurde er Generalintendant des Staatlichen Schauspielhauses. Im April 1947 kehrte Gründgens nach Düsseldorf zurück und wurde als Nach-

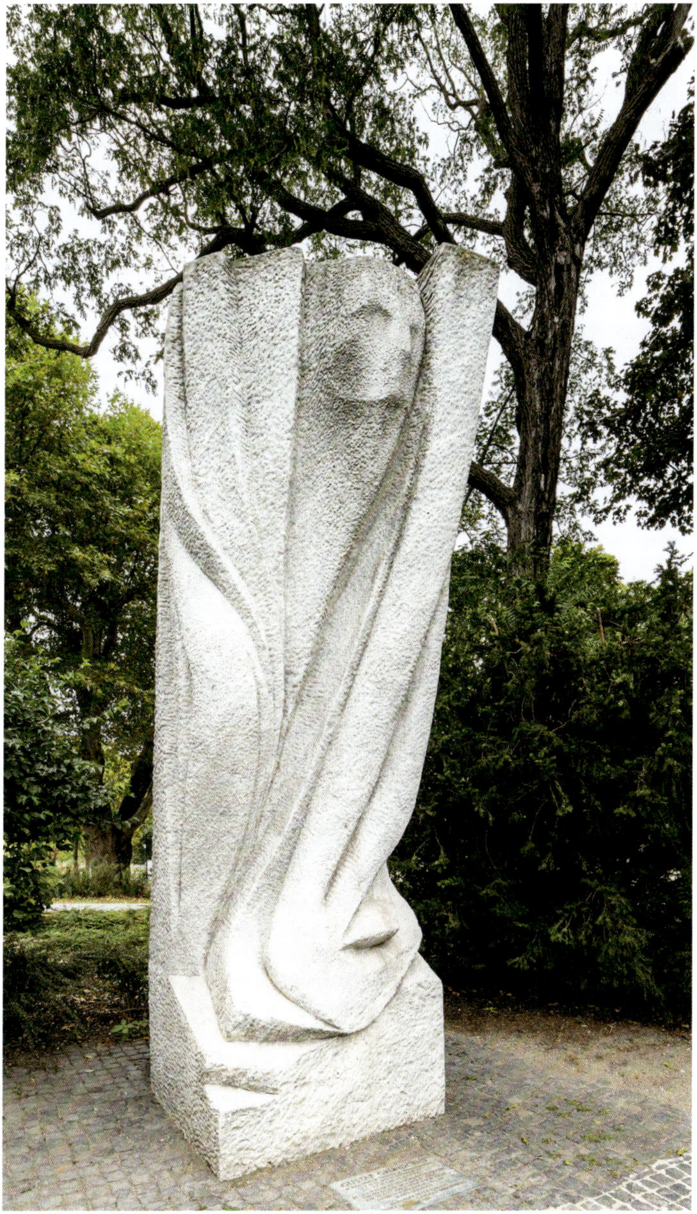

folger von Wolfgang Langhoff, der nach Berlin zum Brechtensemble gewechselt hatte, Generalintendant der Städtischen Bühnen. 1951 wurden die Sparten Oper und Schauspiel getrennt, und Gründgens war bis 1955 Geschäftsführer der Neuen Schauspiel GmbH. Dann wechselte er zum Deutschen Schauspielhaus in Hamburg. Im Oktober 1963 starb er während einer Asienreise in Manila. Der Gustaf-Gründgens-Platz vor dem Düsseldorfer Schauspielhaus erinnert an den großen Künstler.

Neben dem Zitat zu Gründgens Leben können Sie auf dem Sockel auch den Namen des Spenders des Denkmals lesen. Dabei werden Sie feststellen, dass links vom Namen des Spenders etwas nicht sehr fachmännisch ausradiert oder abgeschliffen wurde. Dort stand einst auch der Vorname der Gattin, doch nachdem die Ehe geschieden wurde, hielt der Spender es nicht mehr für angemessen, dort auch den Vornamen seiner ehemaligen Ehefrau zu lesen.

Nun kehren Sie über die Düssel zur Jägerhofallee zurück und stehen bald vor dem großen Wasserbecken mit der Fontäne **Jröner Jong** (Abb. S. 64 um 1900, S. 65), ebenfalls ein Geschenk von Georg Oeder an die Stadt Düsseldorf. Der Bildhauer war erneut **Joseph Hammerschmidt.** Zwei Steinbänke vor dem Bassin erinnern an alte Zeiten. Sie stammen, wie einige Bänke in der Jägerhofallee, aus dem 19. Jahrhundert.

Das Wasserbecken geht auf die Entstehungszeit des Hofgartens 1770 zurück, die inmitten des Beckens stehende Skulptur aus französischem Kalkstein wurde dort zwischen 1898 und 1900 installiert. Der Titel der Skulptur war ursprünglich »Ein ungebetener Gast«, aber weil sich im Laufe der Jahre viel Patina auf der Skulptur angesammelt hatte, gaben die Düsseldorfer und Düsseldorferinnen der Figur den heute geläufigen Namen »Jröne Jong«. Nur dieser Name wird auch auf einer Plakette genannt, die 1991 von Studenten der Düsseldorfer Kunstakademie geschaffen und zusammen mit Liesel Graffweg, der Tochter von Joseph Hammerschmidt, am westlichen Beckenrand eingelassen wurde.

Wir sehen auf einem Felsblock sitzend Triton, nach der griechischen Mythologie ein Sohn des Meeresgottes Poseidon, der gerade eine Mahlzeit zu sich nehmen will und dabei von einem aus dem Wasser auftauchenden Nilpferd gestört wird und entsetzt vor diesem zurückweicht. Im Sommer wird dieses Entsetzen durch einen starken Wasserstrahl verstärkt, der aus dem Maul des Nilpferdes kommt. Diese Fontäne gab es auch schon bei der Einweihung der Skulptur im Jahre 1900; es war die erste in Düsseldorf. Während des Zweiten Weltkriegs wurde die Figurengruppe teilweise zerstört und deshalb 1951 durch den Düsseldorfer Bildhauer Hermann Isenmann restauriert. Isenmann war auch der Bildhauer, der 1953 den Kopf von Maximilian Weyhe erneuerte.

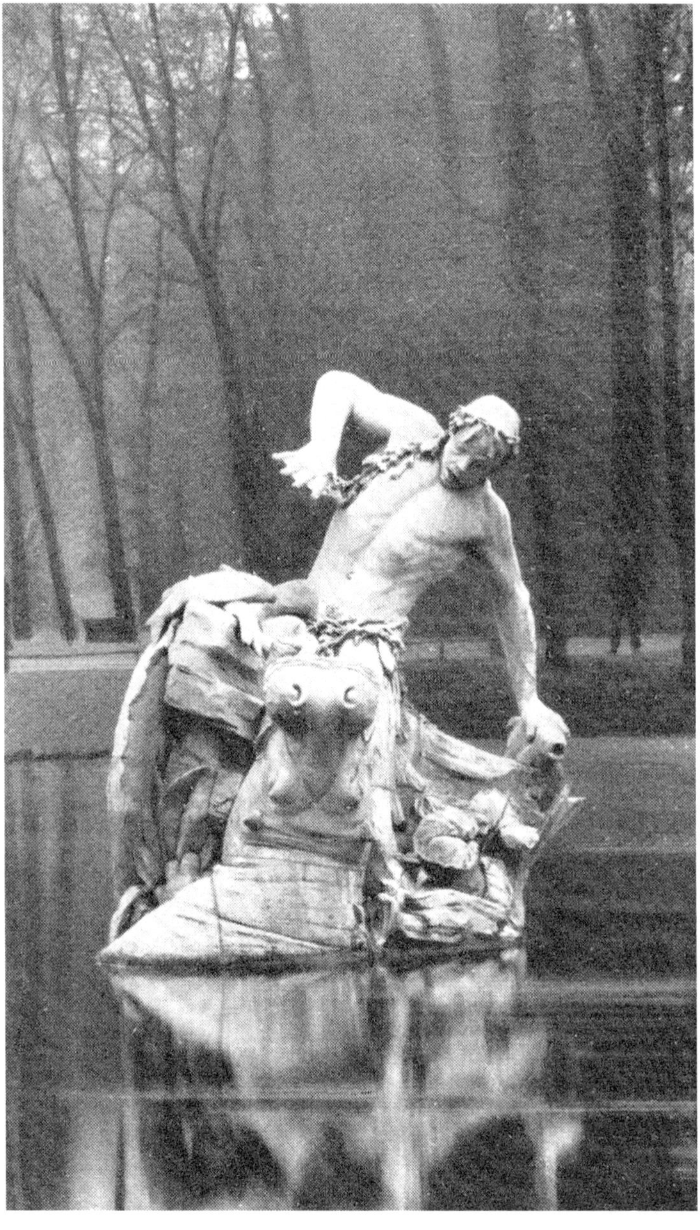

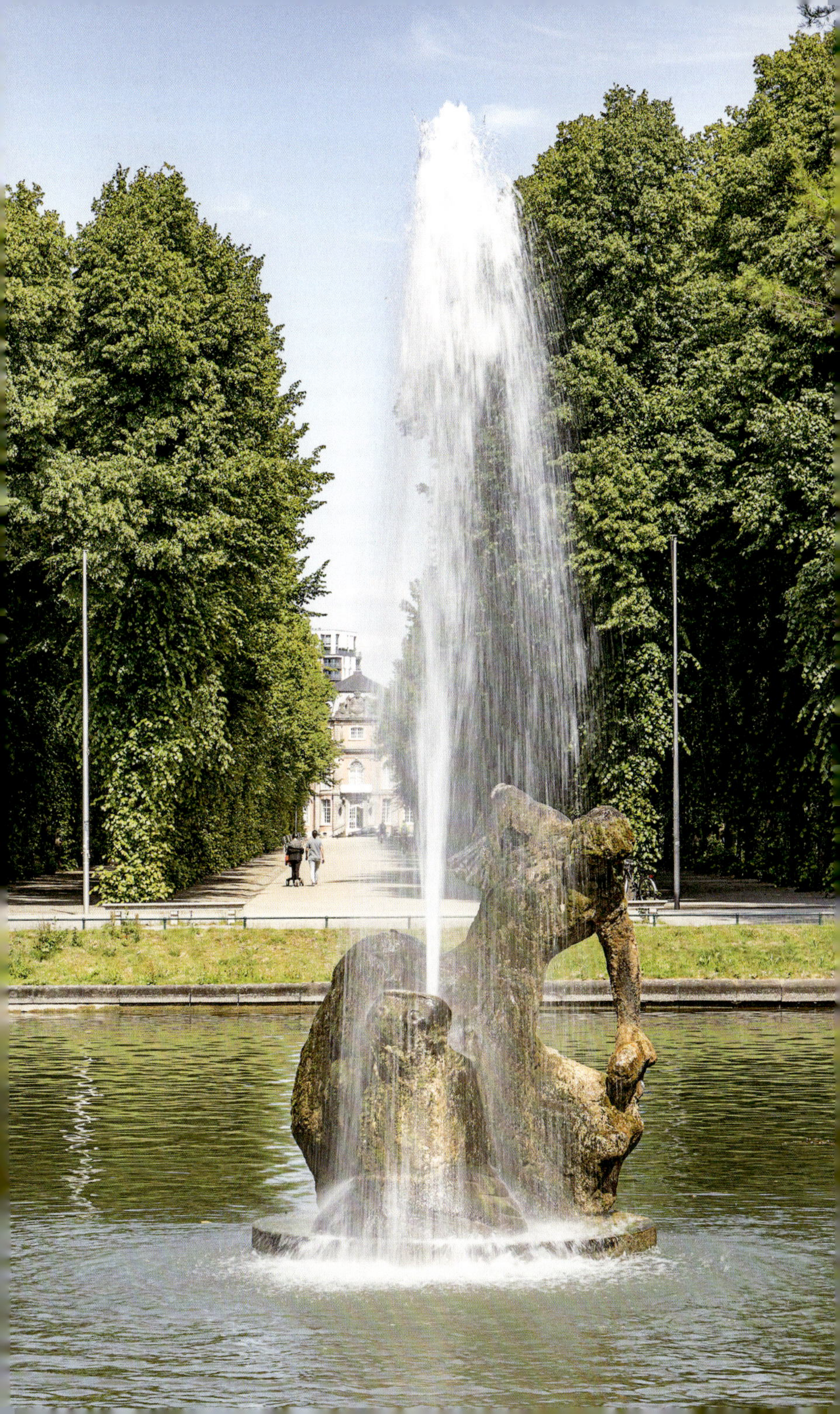

Wenn Sie sich nun umdrehen und in Richtung Osten blicken, haben Sie einen sehr schönen Blick auf die Jägerhofallee und das an ihrem Ende stehende Schloss Jägerhof. Sie sehen die vierreihige Lindenallee und ebenfalls einige Steinbänke. Und nun stellen Sie sich vor, der körperlich kleine, geschichtlich aber große Napoleon käme Ihnen auf seinem Schimmel entgegengeritten – und an seiner Seite der ihn bewundernde fast 14-jährige Heinrich Heine …

Südwestlich des Wasserbassins wurde zwischen 1779 bis 1782 ein **chinesischer Pavillon** angelegt. Damit folgte man der Chinoiserie, einer Kunstrichtung, die im 18. Jahrhundert populär wurde und auf die vermeintlich heile Welt der Chinesen hinweisen wollte, die auch in der Gartenkunst ihren Widerhall fand. Es gibt von diesem Pavillon, der bereits 1797 wieder zerstört wurde, keine Pläne oder Abbildungen.

Wenn wir uns vor dem Wasserbassin mit dem »Jröne Jong« nun Richtung Norden wenden, sehen Sie in der Ferne das Hofgärtnerhaus, auf das wir gleich näher eingehen werden. Auf halbem Wege dorthin steht auf der linken Seite ein Sockel aus rotem Neckarsandstein mit der **Büste von Louise Dumont** (Abb. S. 67), die vom Italiener **Ernesto de Fiori** (1884 bis 1945) geschaffen und 1984 an dieser Stelle aufgestellt wurde. Die Büsten von Louise Dumont und ihrem Mann Gustav Lindemann hatte Fiori schon in den 1930er-Jahren geformt, sie sind heute im Schauspielhaus zu sehen. Für den Louise-Dumont-Gedenkstein im Hof-

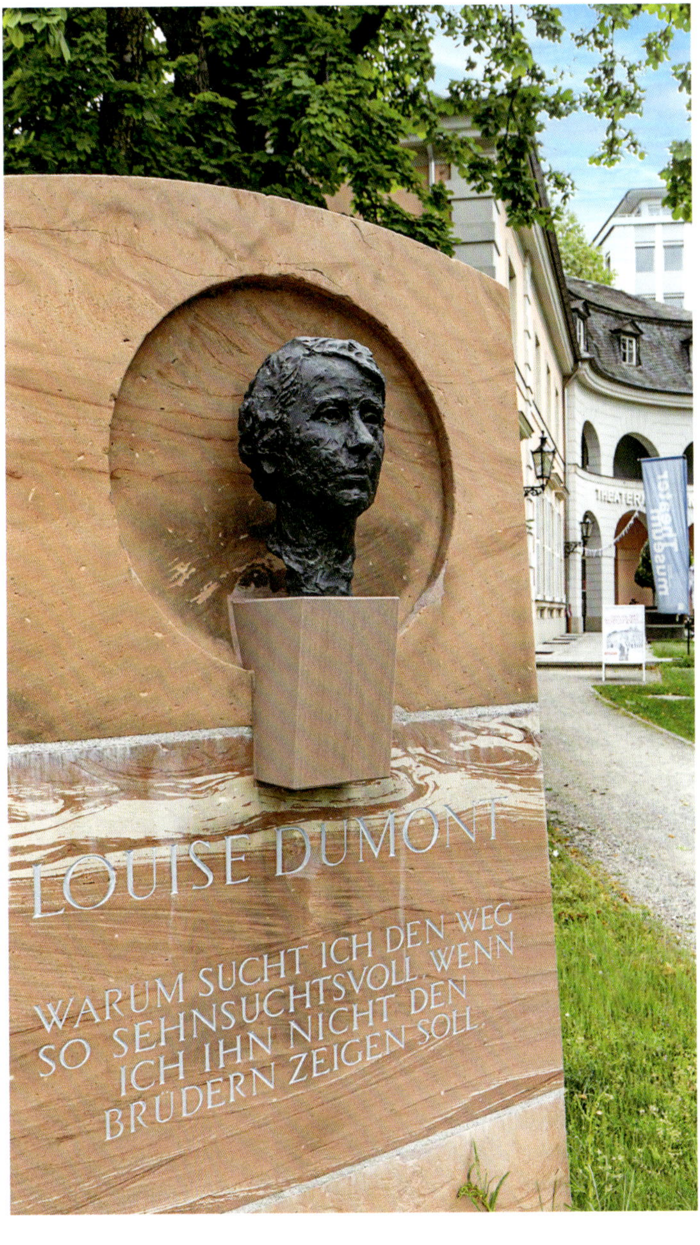
LOUISE DUMONT
WARUM SUCHT ICH DEN WEG
SO SEHNSUCHTSVOLL, WENN
ICH IHN NICHT DEN
BRÜDERN ZEIGEN SOLL.

garten wurde ein Abguss der ursprünglichen Büste verwendet.

Auf dem Sockel können Sie einen Vers aus Goethes Gedicht »Zuneigung« lesen, und zwar demjenigen, das mit den Worten »Der Morgen kam« beginnt, denn Goethe hat zwei weitere Gedichte mit demselben Titel, aber anderem Inhalt geschrieben.

Warum Sucht Ich Den Weg
So Sehnsuchtsvoll, Wenn
Ich Ihn Nicht
Den Brüdern Zeigen Soll?

Louise Dumont wurde als Louise Heynen am 22. Februar 1862 in Köln geboren und ließ sich gegen den Willen ihres Vaters als Schauspielerin ausbilden. Als Künstlernamen nahm sie den Nachnamen ihrer Mutter an. Nachdem sie von 1888 bis 1898 am Hoftheater in Stuttgart engagiert war, arbeitete sie anschließend in Berlin mit den bekannten Regisseuren Otto Brahm und Max Reinhardt zusammen und wurde eine bedeutende Ibsen-Darstellerin. Sie gilt mit ihrem Ehemann Gustav Lindemann, den sie 1907 heiratete, als Begründerin des modernen deutschen Theaters, und deshalb kann der Vers auf dem Gedenkstein durchaus als Beschreibung ihres jahrzehntelangen Wirkens angesehen werden. Sie war auf der Suche nach einer neuen Form des Theaters und zeigte sie ihren Brüdern, und das waren die Schauspielschüler am Schauspielhaus in Düsseldorf, das sie zusammen mit Gustav Lindemann am 28. Oktober 1905 mit einer Aufführung von Hebbels »Judith« an der Carl-Theodor-Straße/Kasernenstraße eröffnete. Einer ihrer Schüler war Gustaf Gründgens, dessen Denkmal wir vorhin im Goltsteinparterre gesehen haben. Am Bürogebäude Kasernenstraße 40 erinnert eine kleine Tafel an den ehemaligen Standort des Schauspielhauses von Louise Dumont und Gustav Lindemann.

Bevor die Nazis auch in Düsseldorf die Macht ergriffen, starb Louise Dumont am 16. Mai 1932. Auf dem Nordfriedhof ist ihr Ehrengrab, das mit einer Plastik von Ernst Barlach geschmückt ist. Gustav Lindemann, der 1952 zum Ehrenbürger Düsseldorfs ernannt wurde, hatte Barlach um diese Arbeit gebeten. Entlang der Düssel und gegenüber der Louise-Dumont-Anlage im Osten des Hofgartens verläuft von der Jacobi- bis zur Pempelforter Straße seit 1952 die Louise-Dumont-Straße zur Erinnerung an diese großartige Frau.

Nun gehen wir noch einige Schritte weiter und stehen bald vor dem **Hofgärtnerhaus** (Abb. S. 70). Die Geschichte des Hauses begann 1768, als der regierende Fürst Carl Theodor zur Wahrnehmung der Regierungsgeschäfte in Düsseldorf Graf Johann Ludwig Franz von Goltstein als seinen Statthalter einsetzte. Dieser wiederum beauftragte Nicolas de Pigage nicht nur damit, den ersten Hofgarten anzulegen, sondern auch mit dem Bau eines Hauses für den Stadt- und Hofgärtner.

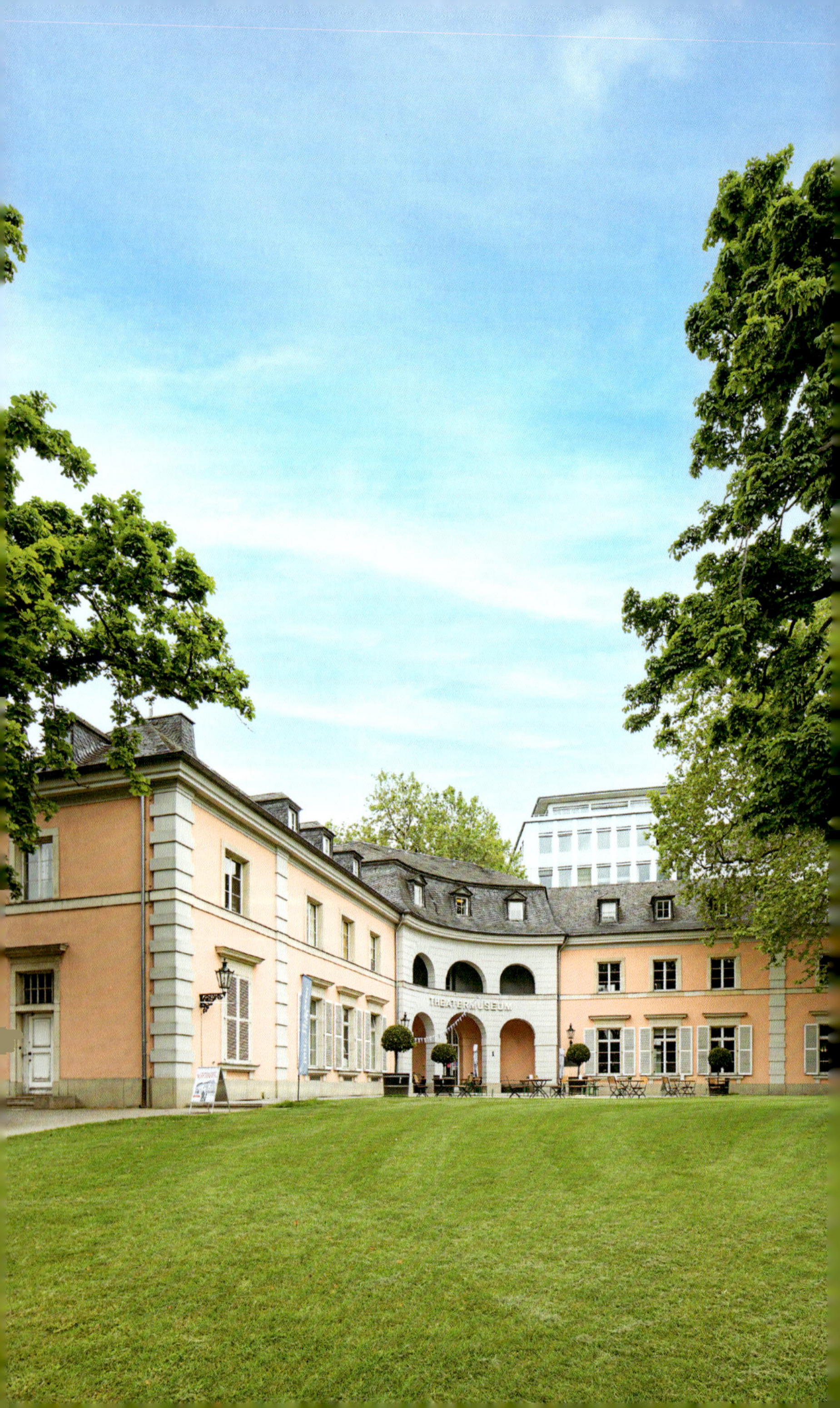
THEATERMUSEUM

Dieses Gebäude wurde ebenfalls 1770 fertiggestellt, und der Garteninspektor Johann Christian Behrendes zog dort mit seiner Familie ein. Damals war der Hofgarten eingezäunt, und es gab drei Eingänge. Der erste lag gegenüber des Schlosses Jägerhof, der zweite jenseits des Wasserbeckens mit dem »Jröne Jong« und der dritte erfolgte durch das Hofgärtnerhaus. Behrendes war nicht nur Gärtner, sondern kümmerte sich auch um das leibliche Wohl der Besucher des Hofgartens. Zudem wurden ab 1774 in den Sommermonaten an Sonntagen Konzerte angeboten, die sich großer Beliebtheit erfreuten. Wegen des starken Andrangs der Besucher wurde das Haus 1780 nach Pigages Plan seitlich vergrößert und aufgestockt.

Aber bereits 1796 wurde das Schicksal dieses Gebäudes besiegelt, denn französische Truppen, die Düsseldorf im Zuge der französischen Revolutionskriege besetzt hatten, sprengten am Abend des 25. Juni das Gebäude. Auch darüber hat Betty van Geldern ihrer Freundin Helena in einem Brief berichtet.

1802 erhielt **Kaspar Anton Huschberger,** damals kurfürstlicher Hofbaumeister, den Auftrag, das Hofgärtnerhaus wiederaufzubauen. Auf ihn geht auch die Planung der Königsallee zurück, nicht etwa, wie vielfach angenommen wird, auf Maximilian Weyhe. Weyhe war nach seinem Dienstantritt am 1. Februar 1804 nur für die gärtnerische Gestaltung der damals noch Mittelallee und später Kastanienallee genannten Straße zuständig, während sich Wasserbaumeister Wilhelm Gottlieb Bauer um die Anlage des Stadtgrabens kümmerte. Traurig, dass an Huschberger nur eine kleine unbedeutende Parallelstraße zur Königsallee und an Bauer überhaupt kein Straßenname in Düsseldorf erinnert.

Auf den Fundamenten des nach Pigages Plänen erbauten ersten Hofgärtnerhauses ließ Huschberger bis 1804 das heutige Haus bauen, und am 1. Februar 1804 zog der neue Düsseldorfer Gartendirektor, Maximilian Friedrich Weyhe, in das Haus ein und wohnte dort bis 1808. Wer unmittelbar nach dem Auszugs Weyhes dort wohnte, ist nicht bekannt. Überliefert ist jedoch, dass es zwischen 1820 und 1836 als Ausflugs- und Vergnügungslokal diente und durch die Witwe Hilgers geführt wurde. Zudem wurde das Hofgärtnerhaus ab 1821 als Dienstwohnung für verschiedene Bedienstete des Prinzen Friedrich von Preußen genutzt, der im Schloss Jägerhof wohnte. Danach war es bis 1872 ein Wohnhaus für Künstler der Düsseldorfer Malerschule. 1872 war auch das Jahr, in dem das Düsseldorfer Schloss auf dem Burgplatz durch einen Brand zerstört wurde. Das Schloss war bis dahin Sitz der Kunstakademie. Die geretteten Bestände der Akademie wurden im Hofgärtnerhaus aufbewahrt. Nachdem die Stadt Düsseldorf 1909 Schloss Jägerhof und den Hofgarten inklusive des Hofgärtnerhauses vom preußischen Staat gekauft hatte, wurde das Haus Heimat der Volksbücherei und einer Musikbibliothek. Im Jahr 1943 wurde das Haus durch Bomben zerstört. Nach dem Krieg wurde das Hofgärtnerhaus bis 1952 wieder aufgebaut. Dabei wurden die beiden Seitenflügel des Gebäudes um je eine Achse verlängert.

Im Juni 1956 zog das neu gegründete Goethe-Museum in das Haus, das heute im Schloss Jägerhof beheimatet ist. Seit September 1988 ist im Hofgärtnerhaus das Theatermuseum zu Hause. Das Museum hat seine Wurzeln im Jahr 1938 durch das von Gustav Lindemann gegründete »Dumont-Lindemann-Archiv«. 1981 erfolgte nach dem Beschluss des Kulturausschusses der Stadt Düsseldorf die Umbenennung des Theaterarchivs in Theatermuseum, das dann einen würdigen Platz im barocken Hofgärtnerhaus fand. Am 16. Mai 1984 wurde das Hofgärtnerhaus in die Denkmalliste der Stadt eingetragen.

Die riesige Platane vor dem Hofgärtnerhaus ist ungefähr 200 Jahre alt.

An der Fassade des Hauses können Sie auch eine Gedenktafel für Maximilian Friedrich Weyhe sehen, die 1975 aus Anlass des 200. Geburtstags von Weyhe durch den Heimatverein Düsseldorfer Jonges gestiftet wurde.

Wenn Sie rechts am Theatermuseum vorbei auf das auf der anderen Seite der Straße liegende Gebäude blicken, sehen Sie eines der wichtigsten Ministerien des Landes Nordrhein-Westfalen. Es ist das Finanzministerium, das zwischen 1950 und 1954 dort errichtet wurde. Im 19. Jahrhundert standen dort die Häuser 4 und 6, die während des Zweiten Weltkriegs zerstört wurden. Das Haus Nummer 4 war Eigentum von Eberhard Stammel, einem Maler, der 1833 in Düren geboren wurde und 1906 in Düsseldorf starb. Seine Bilder werden noch heute auf dem internationalen Kunstmarkt gehandelt und versteigert. Im Haus Nummer 6 wohnte Hermann Sondermann, der 1832 in Berlin geboren wurde und 1901 in Düsseldorf gestorben ist. Seine Bilder sind heute in den Museen von Braunschweig, Wiesbaden und Birmingham zu sehen. Die schmiedeeisernen Tore im Eingang des Finanzministeriums wurden nach Entwürfen von Ewald Mataré, dem Lehrer von Joseph Beuys, gefertigt. Durch das Motiv der rollenden Geldmünzen in Verbindung mit dem Landeswappen von Nordrhein-Westfalen soll die Funktion des Hauses symbolisch dargestellt werden.

Vor dem Hofgärtnerhaus endet unser erster Spaziergang, aber Sie können natürlich von hier aus direkt zum zweiten starten.

Zweiter Spaziergang

Der zweite Spaziergang führt uns vom Hofgärtnerhaus bis zum Hexenberg im westlichen Teil des Hofgartens.

Dazu gehen wir bis zum Weiher und wenden uns dann Richtung Westen. Richtung Süden blickend sehen Sie nun eines der architektonischen Wahrzeichen Düsseldorfs, das Dreischeibenhaus, das zwischen 1957 und 1960 nach den Plänen der Architekten Helmut Hentrich und Hubert Petschnigg gebaut wurde. Davor steht eine Stahlplastik des spanischen Bildhauers Eduardo Chillida. Überqueren Sie nun vorsichtig die Straßenbahngleise, und schon sind Sie im neuen, westlichen Teil des Hofgartens, mit dessen Planung Maximilian Weyhe nach seinem Dienstantritt 1804 begann. Zuvor gab es 1801 den Friedensvertrag von Lunéville zwischen Preußen, Österreich und Frankreich, in dem unter anderem festgelegt wurde, dass alle rechtsrheinisch gelegenen Städte ihre Festungsmauern schleifen mussten. So auch in Düsseldorf, und diesem Umstand hat es die Stadt zu verdanken, dass sie sich heute zu Recht auch Gartenstadt nennen kann, denn auf den ehemaligen Festungsanlagen entstanden neben der Königsallee neue Parkanlagen in der Düsseldorfer Innenstadt.

Vor sich sehen Sie nun ein großes Gewässer, das **Landskrone** genannt wird, und noch heute rätseln die meisten Düsseldorferinnen und Düsseldorfer, welchen Ursprung dieser Name hat. Gemeinhin verbindet man mit Krone einen Kopfschmuck, Sternbilder oder Währungen, aber nicht ein Gewässer.

Und wenn man Krone in der Topografie verwendet, dann doch eher mit etwas Erhabenem, einem Kopfschmuck ähnlich. So gibt es in Bad Neuenahr-Ahrweiler einen Berg von 271,7 Metern Höhe, der Landskrone heißt und auf dem eine Burgruine steht. Der Legende nach soll dort 1204 der einstige König Philipp von Schwaben gestanden und wegen der guten Aussicht gerufen haben: »Das ist ja des Landes Krone!« Dieser Legende könnte man zustimmen, wenn es nicht die seriöseren Quellen gäbe, die besagen, dass der Name von der Familie des Rittergeschlechts von Landskron stamme. Aber sie haben sich einst vielleicht auch von der schönen Aussicht zu ihrer Namensgebung leiten lassen. Gewissermaßen Ironie der Geschichte ist es, dass ausgerechnet der in Düsseldorf so bekannte und beliebte Johann Wilhelm II. (Jan Wellem) 1682 den Befehl gab, die dort stehende Burg zu schleifen, also zu zerstören. Und seither gibt es in Ahrweiler nur noch eine Ruine zu sehen, in Düsseldorf aber ein Gewässer, das wie der Berg Landskrone heißt – wo allerdings der Zusammenhang liegt, bleibt im Dunkeln. Allerdings wissen wir, dass es ein Rittergeschlecht von Landskron in Düsseldorf nicht gegeben hat.

Auch der Blick nach Görlitz hilft nicht weiter, denn auch dort gibt es einen Berg gleichen Namens, allerdings mit einem zusätzlichen »e«, also Landeskrone genannt. Er ist der Hausberg der Stadt Görlitz und sogar 420 Meter hoch und wie der Berg Landskrone im Westen vulkanischen Ursprungs. Und auch der Name kommt von dort, denn einst gehörte der Berg dem Rittergeschlecht »von Landskron«, und der Stammsitz dieser Reichsritter befand sich auf der Reichsburg Landskron an der Ahr, deren Burgberg der Form und Größe nach dem Görlitzer Hausberg ähnelt.

In der Düsseldorfer Lokalpresse wurde in den 1960er-Jahren die Vermutung geäußert, dass der Name des Gewässers ein Ehrentitel sei, der von stolzen Bürgern für eines der schönsten Schmuckstücke des Hofgartens vergeben worden sei. Andere meinten, dass man mit viel Fantasie in der Form der Landskrone die Zacken eines Diadems sehen könne und der Name daher gewählt wurde. Aber das waren nur schöne Vermutungen, denn als die heutige Landskrone genau wie der Kö-Graben zwischen 1834 und 1835 angelegt wurde, war der Name in der Düsseldorfer Stadthistorie schon längst bekannt, nämlich schon vor 1781. Damals lag ein Gewässer mit diesem Namen vor den 1801 geschliffenen Festungsmauern der Stadt und wurde wie heute von dem Wasser der Düssel gespeist. Das kann man einer am 10. Juli 1781 in den »Gülich und bergische wöchentliche Nachrichten« erschiennen Anzeige entnehmen, in der ein »vor dem hießigen Flingerthor an der Landskron gelegener Garten« zum Verkauf angeboten wurde. Im Jahr 1784 gab es dann ein Hochwasser in Düssel und Landskrone, das unter anderem dazu führte, dass die über die Düssel führende Landskronbrücke zerstört und nicht wieder aufgebaut wurde. Auf die Wiederherstellung der Landskrone verzichtete man ebenfalls, denn inzwischen gab es den großen Weiher, der nach den Plänen von Nicolas Pigage angelegt worden war. Als Maximilian Weyhe dann das Gewässer im westlichen Teil des Hofgartens anlegte, entsann man sich des alten Namens und nannte es Landskrone.

Und woher kommt nun der Name Landskrone in Düsseldorf? Einst gab es die Gewann- oder Flurbezeichnung Laakroden, die eine Rodung an einer Lache oder Pfütze bedeutete. Bevor also die alte Landskrone entstand, musste gerodet werden, und dann entstand durch das Wasser der Düssel eine ziemlich große Lache, und aus der alten Gewannbezeichnung Laakroden wurde Landskrone. Im Düsseldorfer Stadtteil Gerresheim gibt es seit 1909 die Lakronstraße, und auch ihre Bezeichnung geht auf Laakroden zurück, wobei in diesem Fall Lakron eine Verkürzung von Laakroden ist.

1961 drohte der Landskrone großes Ungemach, denn die städtischen Planungen sahen vor, einen Teil des Gewässers dem Neubau des heute nicht mehr existierenden Jan-Wellem-Platzes zu opfern. Dagegen protestierten die Düsseldorfer und Düsseldorferinnen heftig. Gegen diese Absichten wurden 52.400 Unterschriften gesammelt, und im Juli 1961 kam es zu einer eindrucksvollen Demonstration im Hofgarten, an der 8000, andere sprechen sogar von 10.000,

Menschen teilnahmen. Sie hatten Erfolg, denn die ursprünglichen Absichten zur Verkleinerung der Landskrone wurden nicht weiterverfolgt.

Nachdem das Rätsel um den Namen Landskrone nun gelöst ist und deren Rettung beschrieben wurde, gehen wir am Gewässer ein paar Schritte Richtung Norden und folgen dann dem nach links abzweigenden Weg entlang der Landskrone. Nach wenigen Metern sehen wir rechts einen Hügel, der allerdings Berg genannt wird. Und hier wissen wir ganz genau, warum dieser Hügel **Ananasberg** (Abb. S. 80/81) heißt.

Der Berg entstand ab 1806 aus dem Material der ehemaligen Festungsanlagen. Im Jahr 1836 eröffnete der Hofkonditor Franz Geisler, der sein Hauptgeschäft an der Mittelstraße 6 hatte, auf dem Hügel einen Holzpavillon als Sommerlokal.

Er hatte dabei einen starken Förderer, nämlich den Prinzen Friedrich von Preußen, der seit 1820 als Divisionskommandeur im Schloss Jägerhof residierte und den Konditormeister wegen seiner guten Ananasbowle schätzte. Deshalb krönte die Spitze des Pavillons eine Ananas, die dem Hügel und dem Lokal den Namen gab. 1838 tauchte der Name Ananasberg zum ersten Mal in den Akten auf, und ab 1850 soll der Ananasberg im Volksmund »Anispuckel« genannt worden sein. Und nicht nur der Prinz von Preußen kehrte dort ein, sondern alle, die in Düsseldorf

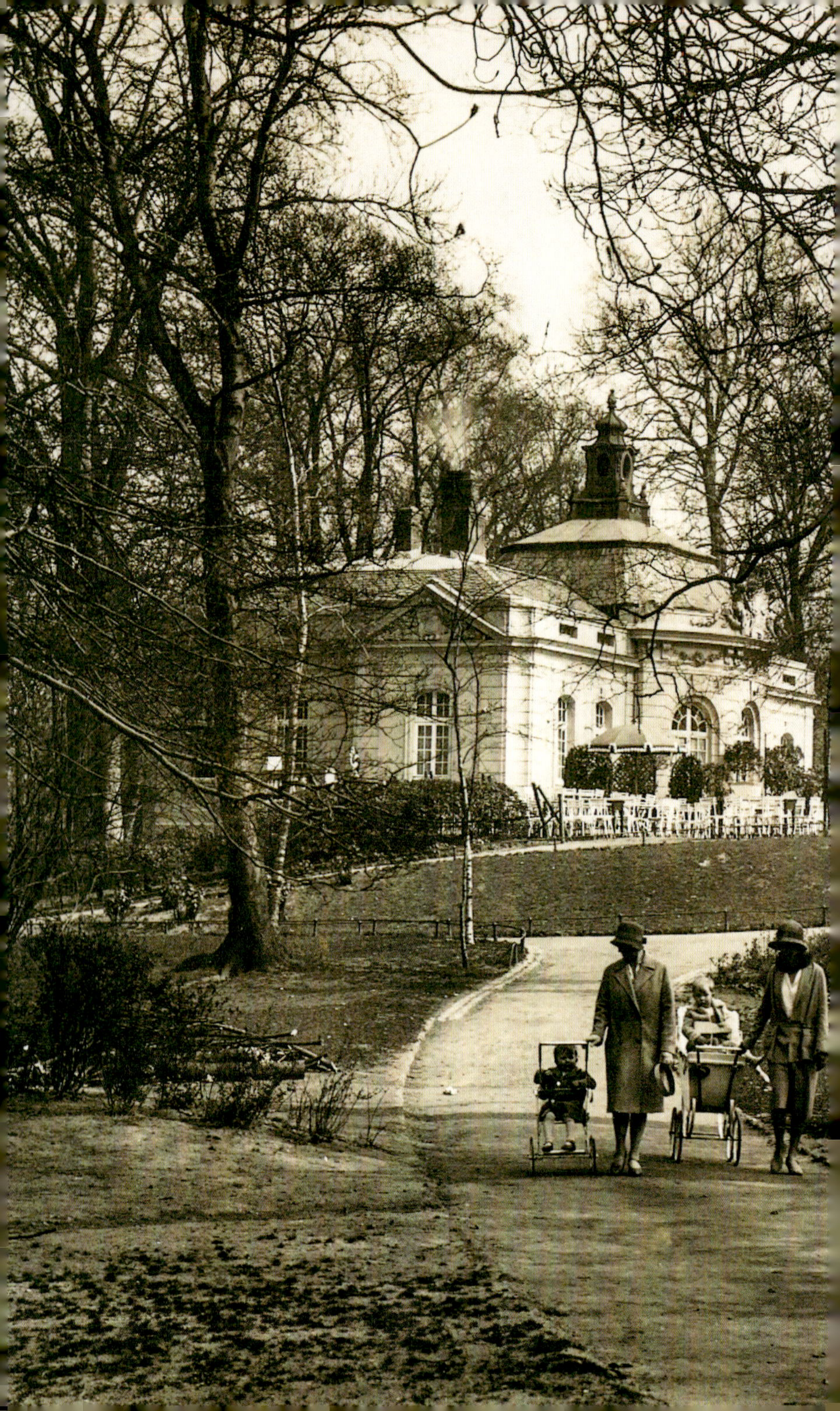

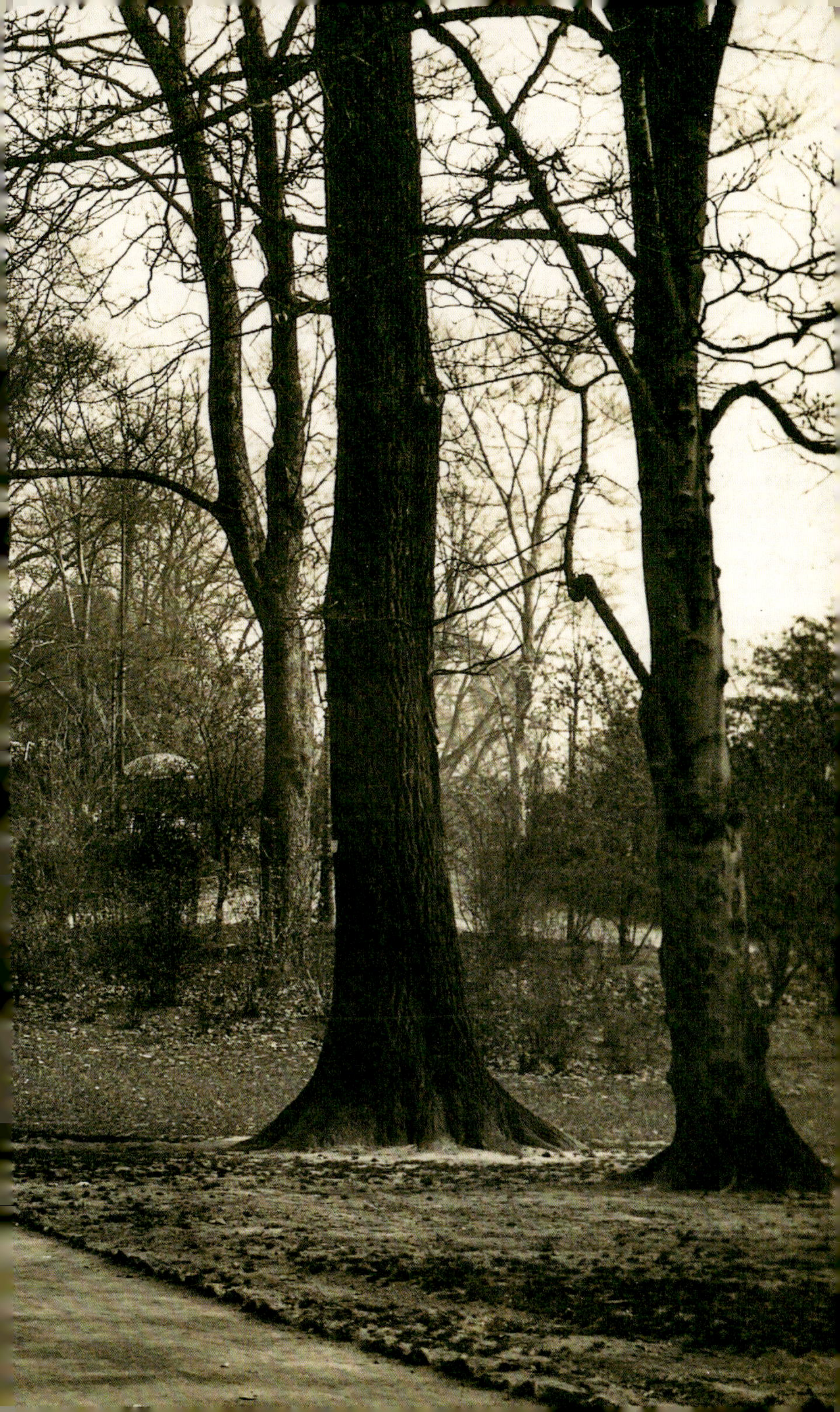

Rang und Namen hatten. So berichtete Clara Schumann, dass sie mit Robert schon am 4. September 1850, zwei Tage nach ihrer Ankunft in Düsseldorf, auf den Ananasberg ging, um sich dort mit Wilhelm von Schadow, dem damaligen Direktor der Kunstakademie, zum Kaffeetrinken zu treffen.

Der Holzpavillon wurde schon 1844 durch ein massiveres Gebäude ersetzt, und im Jahr 1902 entstand unter den Nachfolgern Geislers ein massiver Steinbau, der ein beliebtes Café und Restaurant der Düsseldorfer Gesellschaft wurde. 1943 wurde das Gebäude durch Bomben zerstört, Anfang der 1950er-Jahre wurde die Ruine beseitigt, und ab 1954 entstand nach den Entwürfen des Gartendirektors Ulrich Wolf und des Gartenarchitekten Georg Penker auf dem Gelände eine Terrassenanlage mit Natursteinen und Sitzgelegenheiten, die von Staudenanpflanzungen und Sträuchern umrahmt werden.

Die Chancen für eine Wiederbelebung der Gastronomie auf dem Ananasberg stehen schlecht, denn die Stadtverwaltung teilte auf eine entsprechende Anfrage mit, dass es angesichts des gastronomischen Angebots im nahen Kö-Bogen keinen Bedarf für ein Gartenrestaurant auf dem Ananasberg gebe. Zudem müsse berücksichtigt werden, dass der Ananasberg in seinem heutigen Aussehen wie der gesamte Hofgarten unter Denkmalschutz stehe und daher Änderungen nicht gewünscht seien.

Auf dem Ananasberg sehen wir mit Blick in Richtung Süden den **Mahner** (Abb. S. 84) von **Vadim Sigur,** der 1924 in Dnipro/Ukraine geboren wurde und 1986 in Moskau starb. Als 19-Jähriger wurde Vadim Sigur während des Zweiten Weltkriegs von der Kugel eines deutschen Scharfschützen im Gesicht getroffen, was zu einer Verformung seiner rechten Gesichtshälfte und zu Sprachschwierigkeiten führte. Seine ursprüngliche Absicht, Medizin zu studieren, gab er auf; er begann ein Kunststudium. Anfang der 1980er-Jahre besuchte Udo van Meteren, der Düsseldorfer Ehrenbürger und große Mäzen der Stadt, den Künstler und entdeckte dabei ein 37 Zentimeter großes Modell des Mahners, das ihn sehr beeindruckte. 1985 entschloss sich van Meteren, der Stadt Düsseldorf eine große Version des Mahners zu schenken. Der Künstler verzichtete auf ein Honorar. Für umgerechnet ca. 50.000 Euro wurde die Plastik auf 4,84 Meter vergrößert. Weitere 50.000 Euro stellte van Meteren für die Umgestaltung des Ananasbergs zur Verfügung. Noch im Jahr 1985 wurde der Mahner aufgestellt. Vadim Sigur sah sein Werk als den biblischen »Rufer in der Wüste«.

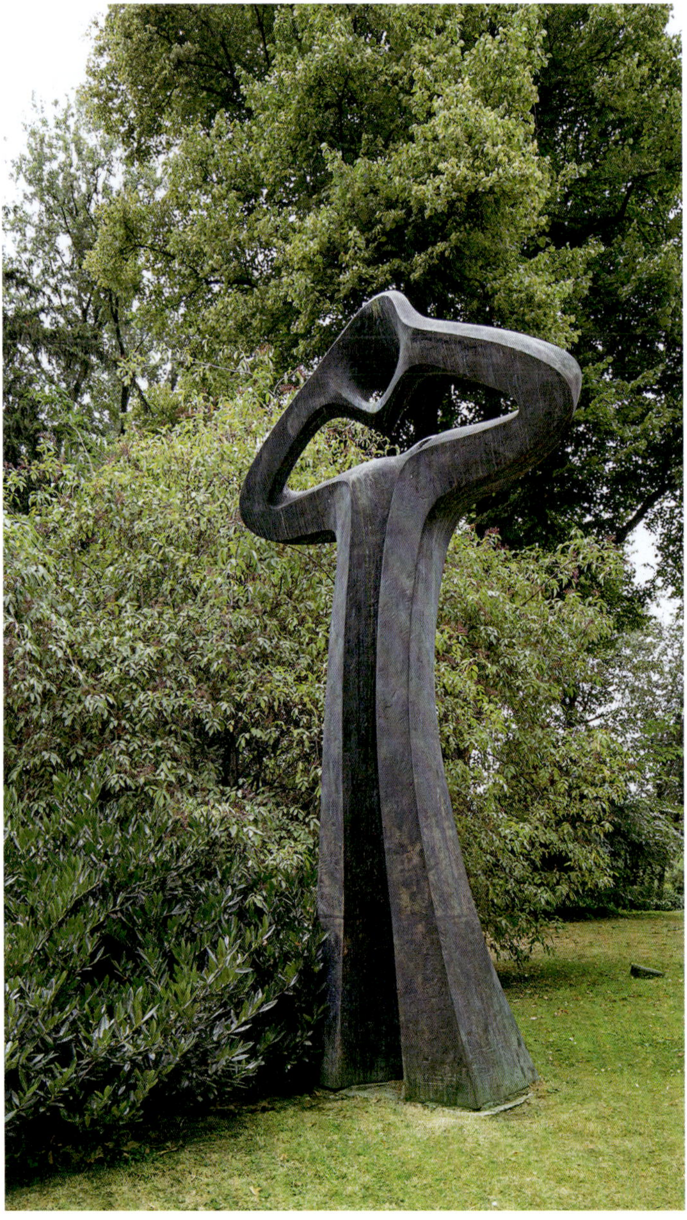

Am Hügelrand unten rechts können wir Verse lesen, die von Udo van Meteren verfasst wurden:

Mensch dieser Erde
Wer Du auch bist
Woher Du auch kommst
Wohin Du auch gehst
Bedenke
Gott der Allmächtige
Hat Dir dieses Leben geliehen
Unterscheide zu lernen
Das Gute vom Bösen
Nütze Dein Leben
Das Gute zu tun

Wenn Sie nun auf dem Weg weiter Richtung Westen gehen, erreichen Sie nach wenigen Metern ein Kleinod der Düsseldorfer Gartenkunst, das schon seit mehr als einhundert Jahren vor allem bei den Düsseldorfer Kindern sehr beliebt ist. Es ist der **Märchenbrunnen** (Abb. S. 86) des französischen Bildhauers **Max Blondat,** der 1872 in Crains geboren wurde und 1925 in Paris starb.

1902 reiste der Kommerzienrat Hermann Schulte, Mitglied des Düsseldorfer Verschönerungsvereins, nach Frankreich, um den »Pariser Salon« zu besuchen. Dort sah er einen Brunnen von Max Blondat, den dieser »Fontaine Jeunesse« nannte. Schulte war begeistert und gab Blondat den Auftrag, einen solchen Brunnen auch für die Internationale Kunst- und Große Gartenbauausstellung zu schaffen, die

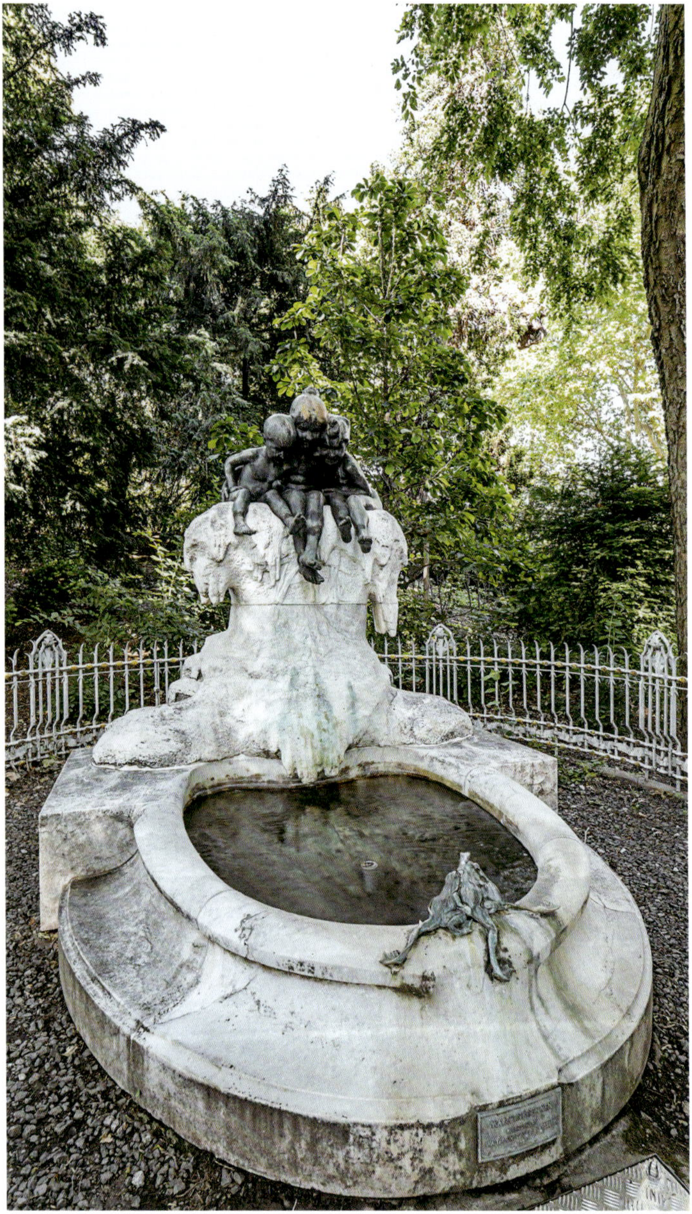

1904 in Düsseldorf stattfinden sollte. Dort wurde der Brunnen gezeigt, begeisterte die Menschen und wurde von der Stadt Düsseldorf mithilfe des Verschönerungsvereins, dessen Vorsitzender Albert Poensgen war, angekauft.

Am 16. November 1905 wurde er am Ananasberg aufgestellt, und die Bevölkerung gab ihm den Namen »Märchenbrunnen«. Die Figuren waren damals noch aus Marmor, und es gab keinen Zaun um den Brunnen, dafür wurde er von Polizisten bewacht. Nachdem den Kindern des Brunnens bereits im Dezember 1905 erstmals Arme und Beine abgeschlagen worden waren, wurde 1906 ein Gitter zum Schutz des Brunnens angebracht. Trotzdem kam es im Verlauf der Jahrzehnte immer wieder zu Beschädigungen der Figuren, sodass der Rat der Stadt Düsseldorf im Jahr 1983 beschloss, die Kinder zukünftig nicht mehr als Marmor, sondern als Bronzegruppe zu zeigen. Der Steinmetz Wolfgang Kuhn nahm 1985 die Restauration vor. Die Originalmarmorgruppe mit verkleinertem Brunnen und Felsen ist heute im Innenhof des Stadtmuseums zu sehen.

Weitere Exemplare des Brunnens von Max Blondat gibt es in den Städten Zürich, Odessa, Dijon, Denver und Nacozari/Mexiko zu sehen.

Wir wenden uns jetzt weiter Richtung Westen und erreichen nach wenigen Metern auf der linken Seite die **Goldene Brücke** (Abb. S. 89), die erste und damit älteste Fußgängerbrücke in Düsseldorf. Eine erste Brücke wurde nach den Plänen von Adolph von Vagedes, dessen imposantes Ratinger Tor Sie etwas später sehen werden, im Jahr 1809 errichtet. Diese Brücke wurde 1845 durch eine Neukonstruktion nach den Plänen des Düsseldorfer Architekten Anton Schnitzler (1796 bis 1873), eines Schülers Vagedes', ersetzt. Ihr heutiges Geländer erhielt die Brücke 1951. In den Jahren 2015/16 erfolgte eine grundlegende Sanierung der Brücke, und 2019 wurden auf beiden Seiten die restaurierten originalen Gaslaternen »Alt-Düsseldorf« aufgestellt. Neben diesem Laternentyp finden Sie im Hofgarten, in dem schon zu Beginn des 20. Jahrhunderts eine »Gasbeleuchtungsanlage« installiert wurde, noch die Modelle »Frankfurt« und die »Aufsatzleuchte«. Seit 2020 sind nicht nur die Gaslaternen im Hofgarten, sondern alle Düsseldorfer Gasleuchten in der Denkmalliste eingetragen. Damals beschloss der Stadtrat, dass von den ehemals 14.000 Gaslaternen 9.840 erhalten bleiben und mit Gas betrieben werden sollen. Ob dies so bleiben wird, ist angesichts der andauernden Energiekrise fraglich. Übrigens, die Karlsbrücke in Prag und die Goldene Brücke im Hofgarten sollen die beiden einzigen Brücken weltweit sein, die bei Dunkelheit mit Gasbeleuchtung erhellt werden. Und warum heißt die Brücke Goldene Brücke? Weil sie immer schon mit goldener Farbe bemalt war! Wenn Sie auf der Brücke stehen und Richtung Osten blicken, erkennen Sie auch die Absicht des »Schöpfers« dieses Teils des Hofgartens, Maximilian Weyhes. Er wollte den Besuchern einen Blick in die Jägerhofallee, die Hauptallee des alten Hofgartens, mit dem am Ende liegenden Schloss Jägerhof ermög-

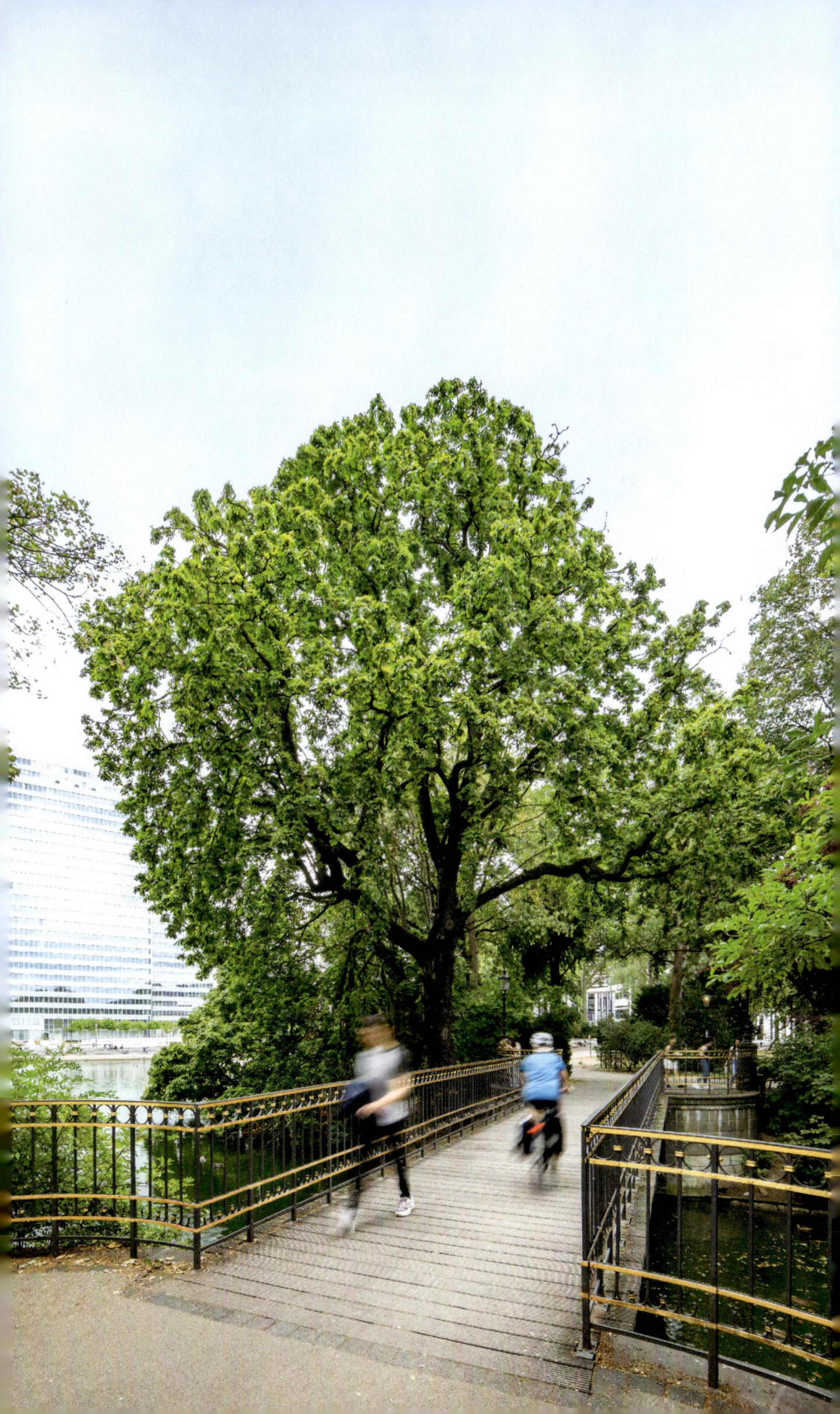

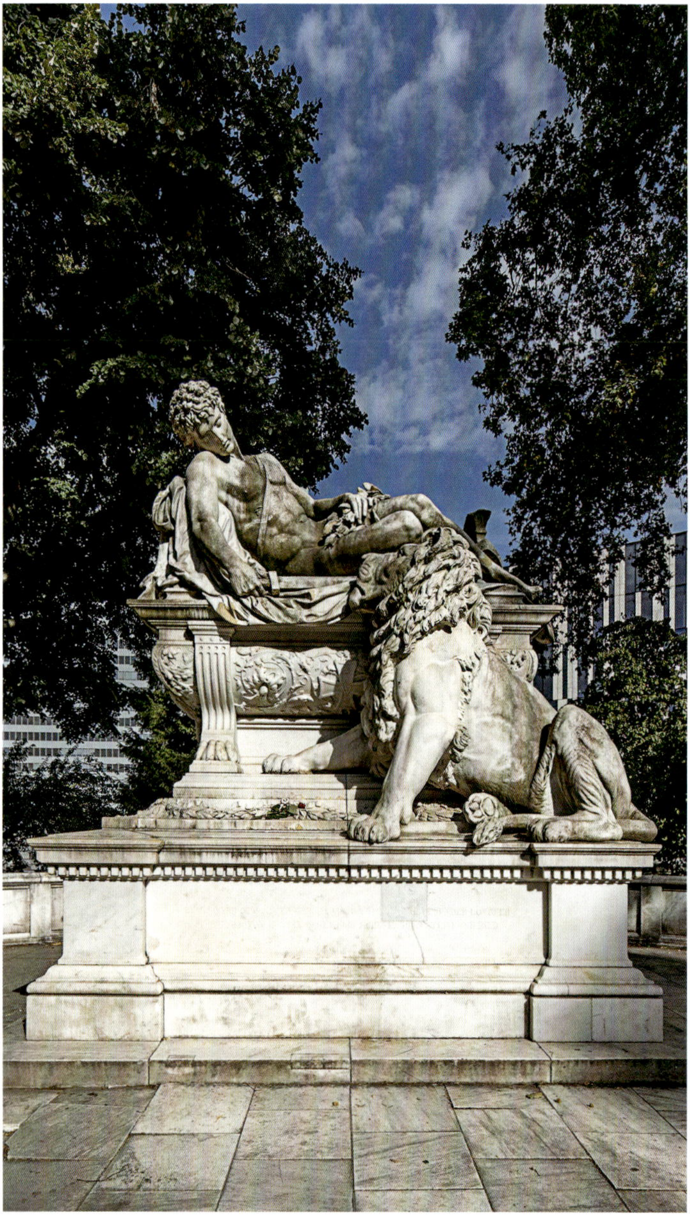

lichen; als »Point de Vue« bezeichnete man solche Blickachsen in früheren Zeiten.

Nachdem wir die Brücke überquert haben, wenden wir uns zunächst nach links, biegen alsbald nach rechts ab und sehen dann links von uns das **Kriegerdenkmal** (Abb. S. 90) des Düsseldorfer Bildhauers **Karl Hilgers** (1844 bis 1925).

Nach dem Sieg im Deutsch-Französischen Krieg 1870/71 gab der »Verein junger Krieger« die Anregung zur Errichtung eines Ehrenmals für die Gefallenen. Es dauerte 20 Jahre bis zur Aufstellung, vor allem, weil man sich über den Ort nicht einig wurde. Als Standorte wurden der Napoleonsberg oder die Jägerhofallee im Hofgarten, der einstige Bergisch-Märkische Bahnhof am Südende der Königsallee und das Ende der heutigen Heinrich-Heine-Allee vorgeschlagen. Schließlich einigte man sich auf den heutigen Standort, der damals noch Teil des botanischen Gartens war. Hier stand einst das Stephanien-Denkmal, das Sie während des ersten Spaziergangs sehen konnten.

Nachdem man sich über den Standort geeinigt hatte und genug Geld gesammelt worden war, wurde 1888 ein Wettbewerb ausgeschrieben, und den ersten Preis gewann Karl Hilgers mit seinem Entwurf »Vaterstadt«. Am 18. Oktober 1892 erfolgte die Einweihung des Denkmals, und die Polizei in Düsseldorf erhielt eine neue Aufgabe, nämlich die des Denkmalschutzes durch ständige Polizeiposten.

Wir sehen einen aus weißem Laaser Marmor gehauenen »fürs Vaterland gefallenen Griechenjüngling« als Sinnbild für die gefallenen Soldaten. Auf dem Sarkophag liegt ein nackter, klassischer Krieger mit einer Brustwunde, der in ein Tuch gehüllt ist und in der linken Hand einen Lorbeerzweig hält; zu seinen Füßen liegt ein Helm. Neben ihm sitzt ein trauernder Löwe, der von den Düsseldorfern als ihr Wappentier identifiziert wurde. Der Krieger ist 3,50 Meter lang, das Gesamtgewicht des Denkmals beträgt 10 Tonnen. Im Marmor des Sarkophags lesen wir vorne eine Inschrift des im 19. Jahrhundert sehr beliebten Schriftstellers Hermann Sudermann:

Ruhm ward dem Sieger genug und Jauchzen
und grünender Lorbeer
Thraenen von Muettern geweint,
schufen dies steinerne Bild.

Auf der Rückseite lesen wir:
Ihren geliebten Söhnen, welche in den siegreichen Jahren 1864–66–70–71 den Heldentod starben, weiht dieses Denkmal die dankbare Stadt Düsseldorf.

Dies weist darauf hin, dass durch dieses Denkmal nicht nur die toten Soldaten des Krieges gegen Frankreich 1870/71, sondern auch die Toten des Deutsch-Dänischen Krieges 1864 und des Preußisch-Österreichischen Krieges 1866 geehrt werden sollten.

Auf der Vorderseite des Denkmals können wir auch ein Eisernes Kreuz mit dem Buchstaben »W« (für Kaiser Wilhelm II.) erkennen, auf der Rückseite den Reichsadler, und auf den Seiten ist jeweils das Wappen der Stadt Düsseldorf zu sehen.

Das Denkmal hatte bei seiner Aufstellung im Jahr 1892 nicht nur Freunde. Kritiker sahen in dem Denkmal »Öde und Langweiligkeit, die den Beschauer anzugähnen scheint«. Außerdem meinten sie, dass dieses Denkmal angesichts der erfolgreich bestrittenen Kriege nicht angemessen genug sei, statt eines gefallenen griechischen Jünglings hätte man lieber wehrhafte Soldaten gesehen. Die folgenden Kriege hat das Denkmal unbeschadet überstanden, heute muss es sich eher vor vermeintlichen Graffiti-Künstlern fürchten, die meinen, ihre Spuren am Denkmal hinterlassen zu müssen. In den Jahren 2007 wurde es umfassend restauriert und 2020 erneut gründlich gereinigt.

Gegenüber dieser alten Kunst sehen Sie ein Beispiel für die moderne Kunst, nämlich die **Reclining Figure in two Parts** des englischen Bildhauers **Henry Moore** (1898 bis 1986). Die »Liegende Figur in zwei Teilen« hat der Künstler 1969 geschaffen, im Juli 1983 wurde sie im Hofgarten aufgestellt. Die Bronzefiguren sind eine Leihgabe der Stadtsparkasse Düsseldorf, ihr damaliger Kaufpreis betrug 1 Million Deutsche Mark.

Wenn Sie die Rasenfläche, auf der das Werk von Moore ruht, ein wenig genauer betrachten, sehen Sie den östlichen Eingang und zwei Lüftungsschächte eines Röhrenbunkers, der dort zum Schutz der Bevölkerung 1938 angelegt wurde.

Gehen Sie nun noch die wenigen Meter zum südlichen Rand des Hofgartens und werfen Sie einen Blick auf das eindrucksvolle Denkmal für **Peter von Cornelius.**

Cornelius wurde am 23. September 1783 in der Kurzestraße 15 in der Düsseldorfer Altstadt geboren. Eine Marmortafel über dem Hauseingang erinnert daran. Er starb am 6. März 1867 in Berlin. An der damaligen »Kurfürstlichen Akademie der Schönen Künste«, dem Vorläufer der heutigen Düsseldorfer Kunstakademie, wurde er zum Maler ausgebildet, anschließend arbeitete er dort als Zeichenlehrer. Einer seiner Schüler war der junge Heinrich Heine. Cornelius berichtete, dass er diesem wegen andauernder Unruhe in der Klasse eines Tages mit dem Lineal ordentlich auf den Rücken gehauen habe. 1811 reiste Cornelius zur weiteren Ausbildung nach Rom. 1819 kehrte er nach Düsseldorf zurück und wurde erster Direktor der von den Preußen neu gegründeten Königlich-Preußischen Kunstakademie. In den Sommermonaten weilte er in München und malte dort die Glyptothek am Königsplatz aus. 1824 wechselte Cornelius vollständig nach München, wurde ein Jahr später Direktor der Akademie der Bildenden Künste und vom bayerischen König Ludwig I. geadelt. Nachdem er sich mit dem bayrischen König überworfen hatte, nahm Cornelius Aufträge des preußischen Königs Friedrich Wilhelm IV. an und verlegte 1841 seinen Wohnsitz nach Berlin. 1862 verlieh ihm die Stadt Düsseldorf die Würde eines Ehrenbürgers; zu den Feierlichkeiten kehrte er noch einmal nach Düsseldorf zurück.

Seine Werke können heute noch in der Alten Pinakothek in München und auch im Kunstpalast Düsseldorf besichtigt werden.

Das Denkmal wurde am 24. Juni 1879 eingeweiht und stand ursprünglich in der Mitte des nach dem Maler benannten Platzes in Höhe des Parkhotels aus dem Jahre 1902. Das aber war mehr als 50 Jahre später den Nazis ein Dorn im Auge, denn im Parkhotel logierten die Nazi-Größen, wenn sie Düsseldorf besuchten. Und so wurde Cornelius, bisher frei stehend und von allen Seiten zu bewundern, 1937 an den Rand des Hofgartens versetzt, dahin, wo wir ihn heute noch sehen.

Der Künstler der Bronzeplastik war **Adolf von Donndorf,** ein deutscher Bildhauer, der 1835 in Weimar geboren wurde und 1916 in Stuttgart starb. Von ihm stammt auch der Grabstein von Robert Schumann auf dem Alten Friedhof in Bonn. Die Statue von Cornelius steht auf einem roten schwedischen Granitsockel, geschaffen von **Hermann Nicolai** (1811 bis 1881). Wir sehen Frauen als Allegorien der Dichtkunst, dazu eine Lyra, von der wir das Wort Lyrik ableiten. Für die Frömmigkeit stehen Bibel und Kreuz, für die Malerei sehen wir Lorbeerkranz und Palette, getragen von einer Sphinx. Auf der Vorderseite des Sockels ist auch die Verbindung von Natur und Geist dargestellt, idealisiert durch eine weibliche und eine männliche Figur. Auf der Rückseite sehen wir zwei Damen, Italia und Germania, die sich die Hand reichen und so die Verbindung der deutschen mit der italienischen Kunst symbolisieren. Diese Verbindung wird uns auch durch zwei Medaillons angezeigt, die Sie in diesem Relief oben links und rechts erkennen können. Gezeigt werden die Köpfe von Michelangelo Buonarroti (1475 bis 1564) und Albrecht Dürer (1471 bis 1528). Unter diesem Relief sehen wir am Sockel Faust und Helena, was auf die Verbindung des deutschen Geistes mit den Idealen der griechischen Klassik verweisen soll. In den vier Himmelsrichtungen lesen wir die Namen Düsseldorf, Rom, München, Berlin, die Orte, in denen Cornelius gelebt und gewirkt hat.

Bevor Sie nun wieder in den Hofgarten hineingehen, sollten Sie das Panorama des 2013 eingeweihten Kö-Bogens genießen. Nach Plänen des amerikanischen Architekten Daniel Libeskind wurden auf dem 9000 Quadratmeter großen Grundstück zwei Gebäude mit rund 42.000 Quadratmeter Geschossfläche und einer Tiefgarage mit 800 Einstellplätzen errichtet. Die Eröffnung erfolgte im Oktober 2013. Rund 320 Millionen Euro wurden in das Vorhaben investiert. Insgesamt wurden 180.000 Kubikmeter Erdreich ausgehoben.

Die geschwungene Form der Gebäude nimmt die historische Bauflucht der einstmals hier gelegenen Hofgartenstraße auf und erneuert die räumliche Fassung des Hofgartens so, wie sie bis zum Ende des Zweiten Weltkriegs bestand. In den Fassaden der Gebäude sehen Sie Bäume und Pflanzen unterschiedlichster Arten. Daniel Libeskind nennt diese Stellen »Cuts«, sie sollen eine Verbindung herstellen zwischen dem organischen, also lebenden Hofgarten und der anorganischen, also toten Stadt, eine Idee, die im Jahr 1982 schon Joseph Beuys verfolgte, als er seine Aktion »7000 Eichen – Stadtverwaldung statt Stadtverwaltung« begann und vor jeden gepflanzten Baum eine Basaltstele stellte, um den Unterschied zwischen dem lebenden Organismus Baum und der toten, sich nicht mehr verändernden Basaltstele aufzuzeigen.

Nach diesem Blick auf die postmoderne Architektur führt Sie westlich des Cornelius-Denkmals ein asphaltierter Weg an der Rückseite der Deutschen Oper am Rhein entlang wieder in den Hofgarten zurück. Nun befinden Sie sich wieder in dem Bereich, in dem einst der botanische Garten als Teil des Hofgartens lag. Er erstreckte sich ab 1812 auf dem Gelände zwischen heutiger Heinrich-Heine-Allee im Westen und der Landskrone im Norden und Osten, lag also dort, wo heute das Haus der Deutschen Oper am Rhein und das Kriegerdenkmal stehen.

Dies war allerdings nicht der erste botanische Garten, den es in Düsseldorf gab. Seine Vorgänger lagen an der Benrather Straße und an der Klosterstraße. Bereits 1764 war in der Benrather Straße ein erster botanischer Garten, damals »Jardin Botanique« genannt, angelegt worden, unweit der Kasernen und des Militärlazaretts an der Kasernenstraße, sodass die Erzeugnisse des Gartens auch durch das chirurgische Militärlazarett genutzt werden konnten. 1804 wurde der botanische Garten in die Klosterstraße verlegt, und die Leitung übernahm Maximilian Weyhe, der Schöpfer des Hofgartens, dessen Denkmal Sie zu Beginn unseres ersten Spaziergangs an der Jägerhofallee sehen konnten. Weil das Gelände an der Klosterstraße bald nicht mehr ausreichte, wurde der botanische Garten schließlich nach den Plänen Weyhes 1812 zwischen der Heinrich-Heine-Allee, die damals noch Boulevard Napoléon hieß, und dem Gewässer der Landskrone angelegt.

Vorgängerbau des heutigen Opernhauses, das zwischen 1954 und 1956 nach den Plänen von Paul Bonatz, Julius Schulte-Frohlinde und Ernst Huhn errichtet wurde, war an gleicher Stelle das Stadttheater, das dort 1875 seinen Spielbetrieb aufgenommen hatte. Für den Bau des Theaters wurde ein Teil des botanischen Gartens aufgegeben. Als man schließlich 1892 das vorhin beschriebene Kriegerdenkmal errichtete, wurde auch der letzte Teil des botanischen Gartens im Hofgarten umgestaltet. Allerdings gibt es auch heute wieder einen botanischen Garten in Düsseldorf, und zwar seit 1979. Er liegt im Düsseldorfer Süden auf dem Gelände der Heinrich-Heine-Universität, ist bei freiem Eintritt ganzjährig geöffnet und wird jedes Jahr von mehr als 60.000 Interessierten besucht.

Wenn Sie nun auf dem asphaltierten Weg weiter in Richtung Norden gehen, erreichen Sie bald auf der linken Seite stehend die Büste von **Robert Schumann** (Abb. S. 100).

Robert Schumann ist für die Musikgeschichte Düsseldorfs von großer Bedeutung. 1810 wurde er in Zwickau geboren und heiratete 1840 gegen den Willen des Schwiegervaters Clara Wieck, die damals erst 19 Jahre alt, aber schon eine gefeierte Pianistin war. 1850 wurde Schumann als Musikdirektor nach Düsseldorf verpflichtet. Am 2. September traf das Ehepaar mit seinen Kindern in Düsseldorf ein, logierte zunächst einige Nächte im Breidenbacher Hof und machte sich schnell mit der Stadt und dem Hofgarten vertraut. Bis 1852 bezog man drei verschiedene Wohnungen, ehe im August 1852 endlich das Domizil gefunden worden war, das vor allem den Ansprüchen von Robert Schumann genügte. Es war das Haus in der Bilker Straße 15 in der Düsseldorfer Carlstadt. In diesem Haus lebte und arbeitete Schumann bis zum 4. März 1854. An diesem Tag wurde Schumann mit seinem Einverständnis in die Privatheilanstalt von Dr. Franz Richarz nach Bonn-Endenich gefahren, nachdem er am Abend des 27. Februar, es war der Rosenmontag, versucht hatte, sich durch einen Sprung in den Rhein das Leben zu nehmen. In Endenich starb Schumann am 29. Juli 1856. Ein Jahr später ließ Johannes Brahms einen

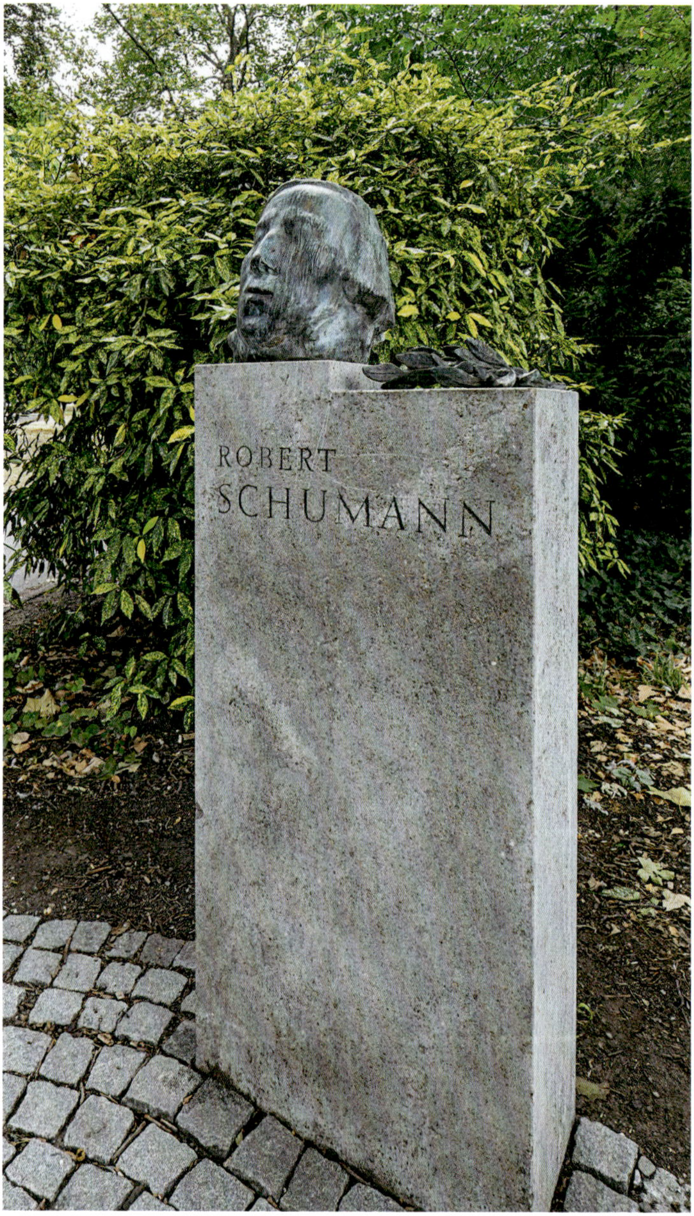
ROBERT
SCHUMANN

ersten schlichten Grabstein auf das Grab auf dem Alten Friedhof in Bonn stellen. Dieser wurde 1880 durch das noch heute zu sehende Monumentaldenkmal von Adolf von Donndorf ersetzt. Um die Kosten für das Denkmal aufzubringen, hatte sich in Bonn ein Komitee gebildet, das bereits 1873 ein Musikfest organisierte, das einen Ertrag von 4000 Talern (ungefähr 18.000 Euro) brachte. Nachdem Clara Schumann 1896 gestorben war, wurde sie wunschgemäß neben ihrem Mann beigesetzt.

Schon während des Klinikaufenthaltes ihres Mannes war Clara Schumann im August 1855 aus dem großen Haus in der Bilker Straße in eine Wohnung in der Poststraße umgezogen. Während sie mit den Kindern in der ersten Etage wohnte, logierte im Erdgeschoss kein Geringerer als der junge Johannes Brahms, der von Schumann gefördert worden war und dem auch ein inniges Verhältnis zu Clara Schumann nachgesagt wurde. Im September 1857 verließ Clara Schumann Düsseldorf und zog mit den Kindern nach Berlin. Brahms verließ Düsseldorf ebenfalls, zunächst lebte er zwei Jahre in Detmold, bevor er 1859 nach Hamburg zurückkehrte. Ab 1872 ließ er sich endgültig in Wien nieder und starb dort 1897.

Robert Schumanns Wirken in Düsseldorf war trotz seiner Krankheit sehr erfolgreich. Er hat hier 49 Musikstücke komponiert, und damit mehr als ein Drittel seiner gesamten Werke, worunter das berühmteste sicherlich seine 3. Symphonie ist, heute allgemein »Rheinische«

genannt, deren Eingangstakte noch heute zu Beginn der WDR-Sendung »Hier und Heute« zu hören sind. Am 5. Februar 1851 wurde die Symphonie in Düsseldorf uraufgeführt und fand sogleich begeisterten Zuspruch. Ein weiteres heute noch oft gespieltes und in Düsseldorf komponiertes Werk ist das Violinkonzert aus dem Jahr 1853.

Das Hofgarten-Denkmal für Robert Schumann wurde vom Bildhauer **Karl Hartung,** der 1908 in Hamburg geboren wurde und 1967 in Berlin starb, geschaffen und 1956 aufgestellt. Der Kopf von Schumann und ein danebenliegender Lorbeerkranz aus Bronze ruhen auf einer Säule aus Muschelkalk. Sein Standort ist sehr passend, denn wir wissen, dass Schumann ein passionierter Spaziergänger war und dabei auch regelmäßig den Hofgarten aufsuchte.

Neben diesem Denkmal erinnert auch eine Büste an der Düsseldorfer Tonhalle an Schumann. Außerdem ist die Schumannstraße in Düsseldorf Düsseltal dem Künstler gewidmet. Das Schumann-Haus in der Bilker Straße wurde in den letzten Jahren aufwendig denkmalgerecht saniert, erweitert und zu einem lebendigen Erinnerungsort an Clara und Robert Schumann ausgebaut. Auch der Robert-Schumann-Saal im Ehrenhof und die Robert-Schumann-Musikhochschule erinnern an den Künstler. Seit 2004 findet alle zwei Jahre das Internationale Schumannfest statt. Der Musikerziehung der jüngeren Generation widmet sich die Clara-Schumann-Musikschule. Und am

27. Oktober 2022 wurde am südlichen Ratinger Tor ein Denkmal für Clara und Robert Schumann aufgestellt, das Markus Lüpertz geschaffen hat.

Wenn Sie sich nun weiter nach Westen in Richtung Heinrich-Heine-Allee wenden, sehen Sie am Rand des Hofgartens die Büste von **Christian Dietrich Grabbe** (Abb. S. 104).

Grabbe war nur ein kurzes Leben beschieden; er wurde am 11. Dezember 1801 in Detmold geboren und starb dort am 12. September 1836. Nachdem er zunächst in Leipzig und Berlin, wo er auch Heinrich Heine kennenlernte, Jura studiert und in Detmold als Jurist gearbeitet hatte, widmete er sich ganz der Theaterkunst und wurde 1834 von Karl Immermann, dessen Statue im Goltsteinparterre steht, das Sie auf unserem ersten Spaziergang besuchen konnten, als Dramaturg und Kritiker nach Düsseldorf verpflichtet. Die anfangs angenehme Zusammenarbeit verschlechterte sich zusehends, weil Grabbe neben seiner Arbeit auch sehr dem Alkohol zugeneigt war, was bei Immermann auf erhebliche Ablehnung stieß. Anfang des Jahres 1836 kehrte Grabbe nach Detmold zurück, wo er ein halbes Jahr später starb. In seiner Schrift »Das Theater in Düsseldorf« hat er sich sehr positiv über das Immermann'sche Theater geäußert. Grabbe gilt neben Georg Büchner als der bedeutendste Erneuerer des deutschsprachigen Dramas in der ersten Hälfte des 19. Jahrhunderts. Sein wohl bekanntestes Werk, das noch heute auf deutschen

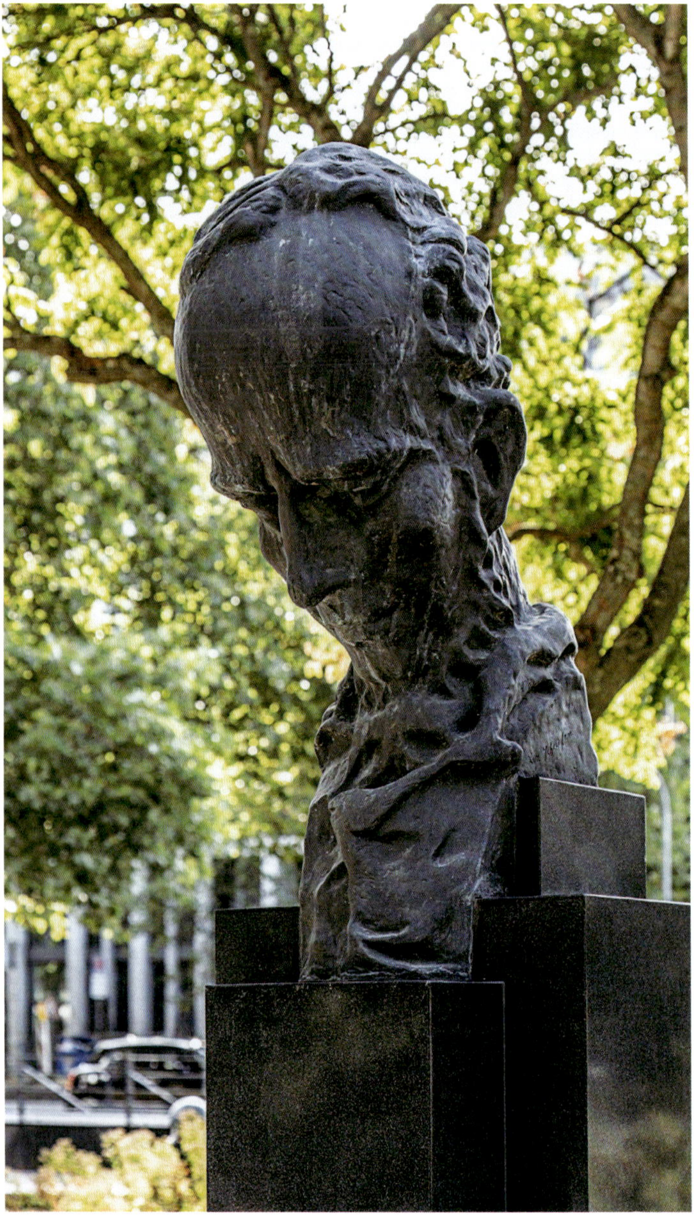

Bühnen gespielt wird, ist allerdings kein Drama, sondern die Komödie »Scherz, Satire, Ironie und tiefere Bedeutung« aus dem Jahr 1822.

Die Büste Grabbes wurde vom Bildhauer **Kurt Räder** (1930 bis 2018) geschaffen. Dabei orientierte er sich an einer 13 Zentimeter hohen Porträtbüste von **Walter Scheufen** (geboren 1881 in Düsseldorf, gefallen in Flandern im August 1917), die dieser schon vor dem Ersten Weltkrieg gestaltet hatte. Die Büste von Scheufen wurde von Räder fünffach vergrößert. Seit 2002 steht sie an ihrem jetzigen Standort auf einem Sockel aus schwarzem schwedischem Granit, der an die Fassade der gegenüberliegenden Kunstsammlung des Landes Nordrhein-Westfalen erinnert, und nicht wenige Besucher haben sich schon gefragt, warum die Büste hier und nicht vor der Kunstsammlung auf dem Grabbeplatz steht.

Nicht weit von Grabbe entfernt, am Rande des Gehwegs der Heinrich-Heine-Allee, befindet sich seit 2012 die eindrucksvolle Bronzeplastik des heimgekehrten **Felix Mendelssohn Bartholdy** (Abb. S. 107).

Ein erstes Denkmal für den großen Musiker, der von 1833 bis 1835 Musikdirektor in Düsseldorf war, wurde im August 1901 in der linken Nische des damaligen Düsseldorfer Stadttheaters feierlich eingeweiht. In der rechten Nische stand Karl Immermann, über den Sie im ersten Spaziergang informiert wurden. Der ausführende Künstler des Mendelssohn-Denkmals war wie bei Immermann **Clemens Buscher.** Im August 1936 wurden beide Statuen vom Stadttheater entfernt. Die Statue des seit 89 Jahren toten Mendelssohns, der 1816 protestantisch getauft und 1825 konfirmiert worden war, wurde abgelehnt, weil er nach Ansicht der Nazis wegen seiner Vorfahren Jude war. Immermann musste weichen, weil es aus »ästhetischen Gründen« nicht gut ausgesehen hätte, nur ihn in seiner Nische stehen zu lassen. Vier Jahre verbrachten beide Statuen dann in einem Lager des Ehrenhofs, bevor 1940 das Denkmal Mendelssohns zur Herstellung von Kriegsmunition eingeschmolzen wurde. Immermann kam auf den Platz im Goltsteinparterre, auf dem er heute noch steht.

Im November 2010 gründete sich ein Förderverein, dessen Ziel es war, ein neues Mendelssohn-Denkmal zu errichten. Anhand eines Gipsmodells des 1940 zerstörten Monuments, das sich im Stadtmuseum Düsseldorf befand, konnte das ursprüngliche Denkmal rekonstruiert werden. Am 27. September 2012 wurde es feierlich eingeweiht.

Gehen wir nun wieder zurück in den Hofgarten bis zur Goldenen Brücke, überqueren diese, und wenn Sie sich nun nach links wenden, sehen Sie eine kleine Anhöhe, die **Hexenberg** genannt wird. Niemand weiß genau, wie es zu dieser Benennung gekommen ist, der Legende nach sollen sich dort des Nachts vermeintliche Hexen getroffen haben. Wenn es die Damen damals wirklich gab, hatten sie im Stadtgebiet Düsseldorfs nichts zu befürchten, denn anders

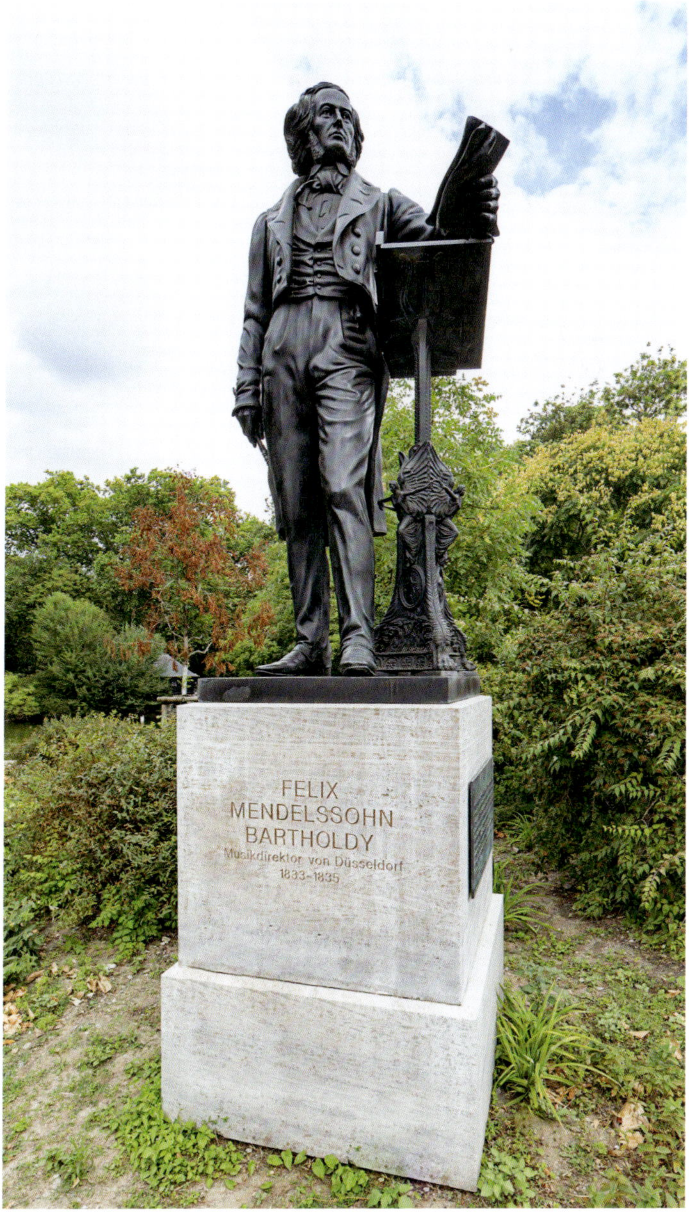
FELIX
MENDELSSOHN
BARTHOLDY
Musikdirektor von Düsseldorf
1833–1835

als im kurkölnischen Raum gab es zur Zeit der Hexenverfolgungen, die vom Ende des 15. bis zur Mitte des 18. Jahrhunderts dauerten, in der Stadt keine Verbrennungen von vermeintlichen Hexen. Und falls es doch Damen gab, die der Hexerei beschuldigt wurden, können sie sich nicht auf diesem Hügel getroffen haben, denn er wurde von Weyhe erst zu Beginn des 19. Jahrhunderts angelegt, und damals war die Verfolgung von vermuteten Hexen zum Glück überwunden. Übrigens hatte sich schon 1631 der in Kaiserswerth geborene Jesuit Friedrich Spee mit seiner »Cautio Criminalis« gegen die Hexenverbrennungen ausgesprochen. Allerdings dauerte es auch im Rheinland noch etwas mehr als hundert Jahre bis zum Ende dieser Barbarei, denn als letzte Hexenverbrennung ist ein Prozess aus den Jahren 1737/38 bekannt, der in Gerresheim (seit 1909 ein Stadtteil Düsseldorfs) stattfand und zum Tod zweier Frauen führte.

Dritter Spaziergang

Unser dritter Spaziergang führt uns vom Hexenberg bis zum Napoleonsberg.

Links vom Hexenberg ist das **Schwanenhaus** zu sehen, das seit 1937 an dieser Stelle steht. Eine umfassende Sanierung des Gebäudes, das wie der gesamte Hofgarten seit 1998 unter Denkmalsschutz steht, fand 2017 statt. Das Schwanenhaus ist Ausgangspunkt für die Versorgung und Verpflegung der in und an der Landskrone lebenden Tiere. 24 Enten- und Gänsearten sind auf einer Tafel an der Fassade des Schwanenhauses verzeichnet. Jahrzehntelang kümmerte sich die mittlerweile über 80-jährige Margarete Bonmariage um die Tiere. Zum Jahresende 2022 gab sie ihre ehrenamtliche Tätigkeit auf. Zukünftig sollen die Tiere durch die Stadt, den Tierschutzverein und ehrenamtliche Helfer versorgt werden.

Vom Schwanenhaus folgen wir nun dem Weg entlang des Gewässers Richtung Norden, vorbei an Frankfurter Gaslaternen und wunderschönen alten Platanen, und erreichen bald die Weyhe-Passage. Vor der Passage sehen Sie rechts die dritte Gaslaternenart im Hofgarten, eine sogenannte Aufsatzleuchte neuerer Art, die nach dem verheerenden Orkan Ela im Jahr 2014 installiert wurde. Damals sind nicht nur Hunderte von Bäumen, sondern auch Gaslaternen im Hofgarten dem Sturm zum Opfer gefallen. Die Weyhe-Passage ist die einzige noch existierende von ehemals vier Passagen, die es im Hofgarten gab. Die anderen drei wurden im Zusammenhang mit dem Bauprojekt Kö-Bogen aufgegeben.

Gehen Sie jetzt aber nicht durch diese Passage, sondern wenden Sie sich nach links, damit Sie nach einigen Schritten das eindrucksvolle **Ratinger Tor** (Abb. S. 112/113) bewundern können, das letzte von ehemals fünf Stadttoren in Düsseldorf. Sie stehen hier vor dem ältesten Gebäude seiner Art in Deutschland.

Nachdem nach 1801 die Festungsmauern der Stadt abgetragen worden waren, begannen die Arbeiten für das Ratinger Tor als Zolltor nach den Plänen des bergischen Baudirektors Adolph von Vagedes im Jahr 1811. Adolph von Vagedes, geboren 1777 in Münster, wurde 1809 in Düsseldorf fest angestellt und 1812 zum Baudirektor der Stadt Düsseldorf befördert. Er war der Nachfolger von Kaspar Anton Huschberger, nach dessen Plänen die Königsallee angelegt und das zerstörte Hofgärtnerhaus wieder neu errichtet wurde. Vagedes starb am 27. Januar 1842 in Düsseldorf; sein Grab befindet sich auf dem Nordfriedhof.

Das Ratinger Tor besteht aus zwei fast quadratischen Bauten im klassizistischen Stil, die an antike Tempelbauten erinnern. An jeweils drei Seiten befinden sich dorische Säulen. Die Metopen, das sind die Zwischenfelder in einem antiken Tempelfries, sind mit Lorbeerkränzen versehen, die goldfarben bemalt sind. Das jeweilige Tympanon, das

Giebelfeld über Fenstern und Türen, ist entgegen antiken Vorbildern nicht mit Reliefs geschmückt. Bemerkenswert ist die Anordnung der Säulen insbesondere vor den Hauptportalen. Anders als in der Antike meist üblich, sind die Säulen nicht in gleichen, sondern in unterschiedlichen Abständen, etwa im Verhältnis 11 zu 12 zu 23 zu 12 zu 11, errichtet worden. Dies gibt den Gebäuden eine gewisse Leichtigkeit und Durchlässigkeit. Auch an den Seitenportalen wurde die strenge dorische Gliederung aufgegeben, dort lautet das Verhältnis etwa 10 zu 12 zu 12 zu 10.

Die Arbeiten am Ratinger Tor wurden 1815 beendet. Es war eines der Hauptwerke von Vagedes in Düsseldorf und gilt unter anderem als Vorbild für die Neue Wache in Berlin, die zwischen 1816 und 1818 errichtet wurde. Dessen Erbauer, Karl Friedrich Schinkel, dessen Schüler Vagedes war, kam 1816 nach Düsseldorf und bewunderte das Werk von Vagedes. Das Ratinger Tor diente bis zur Mitte des 19. Jahrhunderts als Zolltor. Die am Tor insbesondere für die Einführung von Lebensmitteln erhobene Akzise (Akzisen waren Steuern und wurden auf Grundnahrungsmittel wie zum Beispiel Roggen, Weizen, Hopfen oder anderes Getreide beziehungsweise Mehl, auf Lebensmittel wie Zucker, Salz, Fett, Fleisch, Genussmittel wie Tabak, Kaffee, Tee, Bier, Sekt und auf Vieh erhoben) machte zwischen 1817 und 1827 etwa ein Drittel der gesamten städtischen Einnahmen aus. Mit der Einführung der Einkommens- und weiterer Steuern ab 1827 verlor der städtische Zoll zunehmend an Bedeutung.

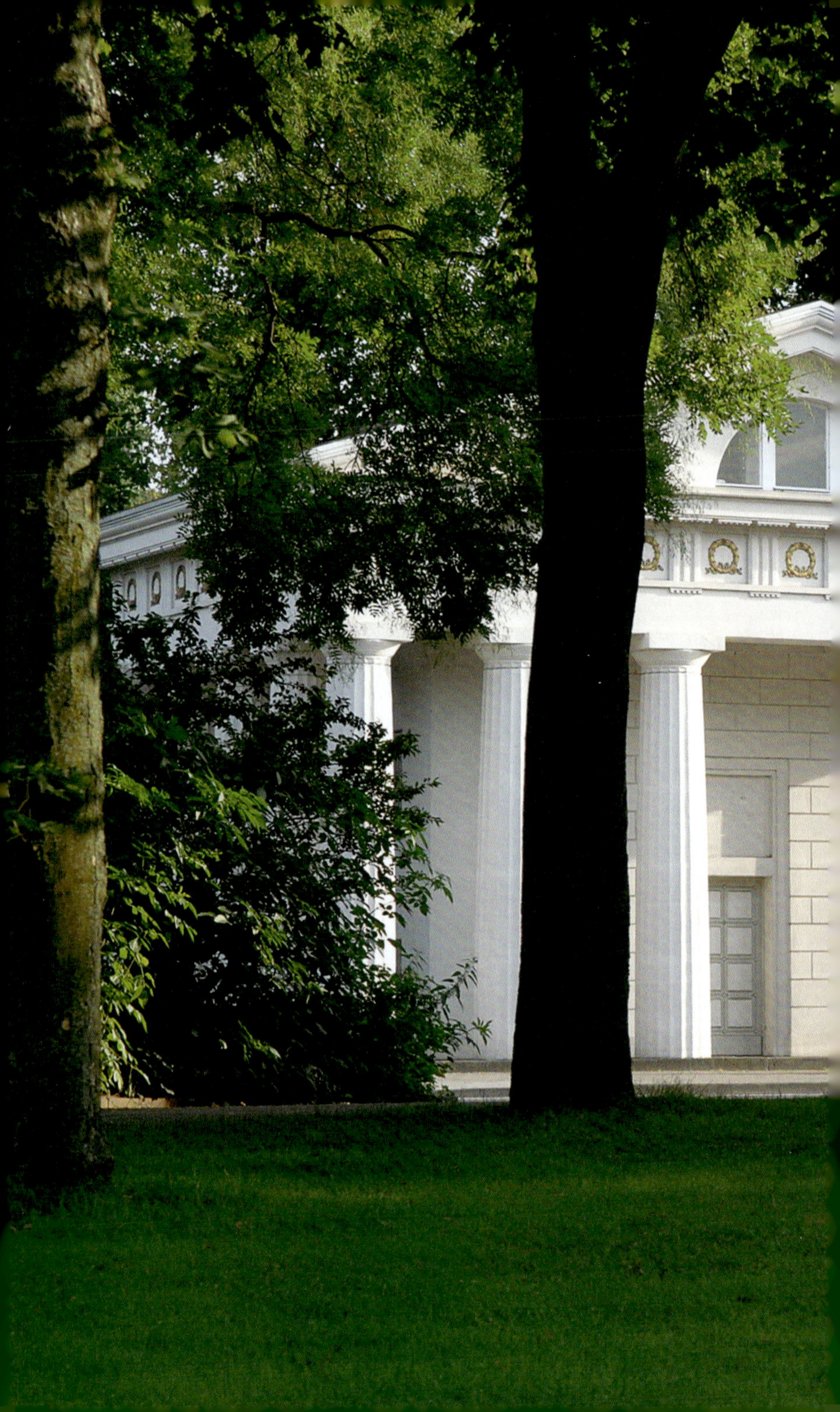

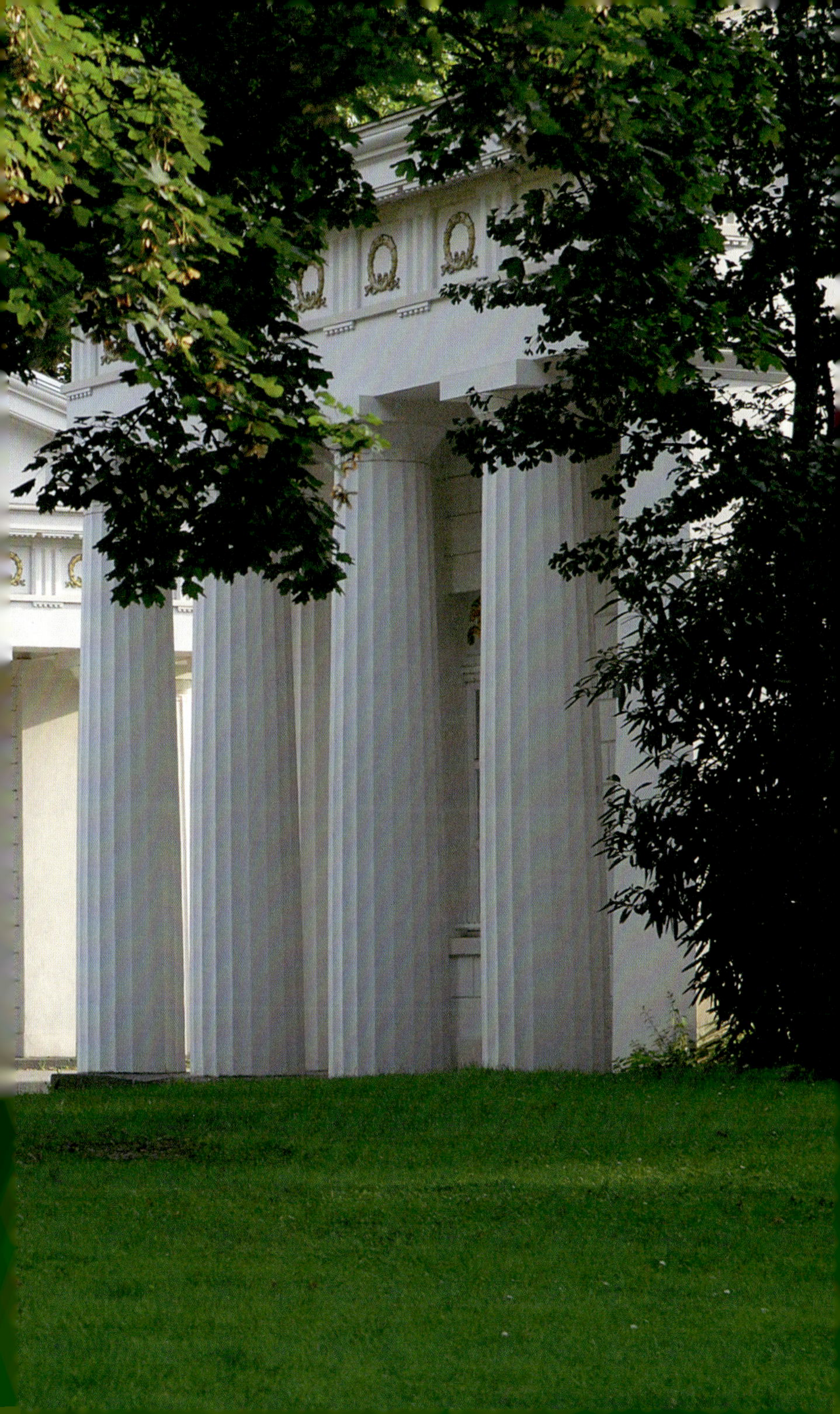

Nachdem die Verwendung als Zolltor nicht mehr gefragt war, wurden beide Torhäuser unterschiedlich genutzt. So war das nördliche Tor unter anderem die Dienstwohnung für die Polizeibeamten, die für die Ordnung in der Altstadt und im Hofgarten zu sorgen hatten. Nach dem Zweiten Weltkrieg nutzte es bis 1984 das städtische Gartenamt.

Im südlichen Tor wohnte vor dem Ersten Weltkrieg der Gartenbaudirektor Friedrich Hillebrecht, dem der Hofgarten das Goltsteinparterre zu verdanken hat.

Nach der Wiederherstellung des kriegszerstörten südlichen Tores im Jahr 1949 wohnte dort bis 1955 der Düsseldorfer Planungsdezernent Friedrich Tamms, deshalb wurde das Tor in der Düsseldorfer Bevölkerung »Onkel Tamms Hütte« genannt. Tamms war unter anderem für den Bau des heute nicht mehr existierenden »Tausendfüßlers«, der Berliner Allee und der Düsseldorfer Brückenfamilie verantwortlich. Tamms ließ in den Giebel des südlichen Tores ein Fenster einbauen, das bis heute zu sehen ist, weil nach seinem Auszug der ursprüngliche Zustand nicht wiederhergestellt wurde.

Ab 1955 war im südlichen Tor die Galerie von Hella Nebelung untergebracht, die vorher im Haus Hofgartenstraße 10 zu Hause war. Dieses Haus wurde neben anderen auf Betreiben Tamms wegen des Baus des vormaligen »Tausendfüßlers« abgerissen. Ab 1986 wurde die Galerie von Hete Hünermann, einer Schwester von Gabriele Henkel, weitergeführt. Joseph Beuys, sein Meisterschüler Anatol und Andy Warhol stellten hier ebenso aus wie Keith Haring und Jörg Immendorff, weshalb diese Galerie einen ganz besonderen Ruf genoss.

Von 2008 bis 2017 wohnte und arbeitete in diesem historischen Ambiente der Maler, Grafiker und Bildhauer **Markus Lüpertz,** der zudem von 1988 bis 2009 Direktor der Düsseldorfer Kunstakademie war. Von ihm stammt auch das **Denkmal für Clara und Robert Schumann** (Abb. S. 116), das am 27. Oktober 2022 feierlich enthüllt wurde. Es trägt den Titel »A Danse À Deux«, was mit »Ein Tanz zu zweit« übersetzt werden kann. Sie sehen zwei ineinander verschlungene klobige Figuren mit Farbauftrag und verdrehten Gliedmaßen; zwischen Clara und Robert ist ein Stuhl zu erkennen. Der Künstler hat sie 2,40 Meter hoch gestaltet und auf einen 1,20 Meter hohen Sockel gestellt.

Zuletzt war das südliche Tor das Zuhause des Cellisten Thomas Beckmann, der deutschlandweit durch sein Engagement für wohnungslose Menschen bekannt wurde. Er wohnte dort zusammen mit seiner Frau, nachdem sie die vormalige Wohnung im Schumann-Haus in der Bilker Straße 15 wegen der Sanierung des Gebäudes verlassen mussten. Beckmann starb im Juli 2022.

Am 27. April 1983 wurde das Ratinger Tor trotz der Veränderung im Giebel des südlichen Tores in die Denkmalliste aufgenommen, und 1984 wurde dem Heimatverein Düsseldorfer Jonges die Patenschaft für das nördliche Torhaus

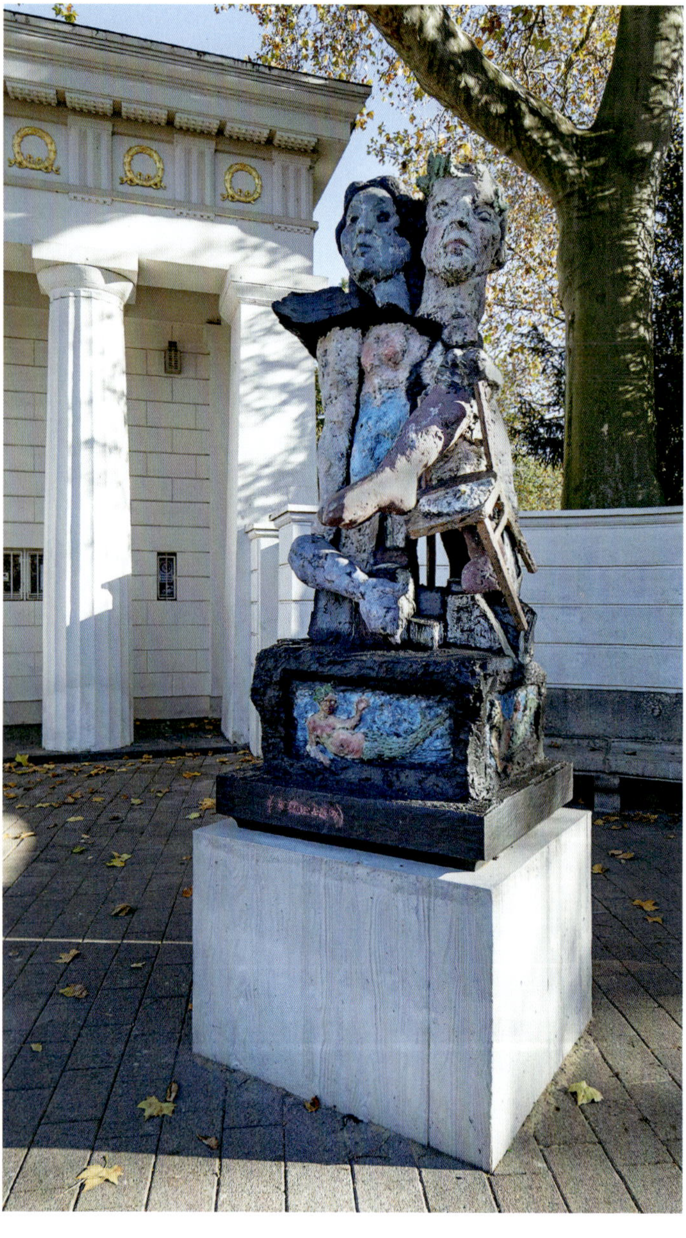

übertragen. Als »Haus des Brauchtums« wurde es am 8. Juli dieses Jahres offiziell eingeweiht. 2012 sorgte der Heimatverein in Zusammenarbeit mit dem Amt für Denkmalschutz für die Sanierung des Gebäudes. Das Heinz-Schmöle-Zimmer im Erdgeschoss hat nun elegante gestreifte Tapeten über einer lackierten Holzvertäfelung und Kronleuchter im historischen Stil. Die modernen Tische und Möbel im Erdgeschoss und in der ersten Etage sind dem klassizistischen Stil nachempfunden. Die Treppengeländer wurden in einem sehr hellen Grauton gehalten, weil es das heute übliche Hartweiß im 19. Jahrhundert noch nicht gab.

Bei der Restaurierung wurde auch die gesamte Technik erneuert. Die Nachtstromspeicheröfen wurden durch eine moderne und sparsame Gasheizung ersetzt, die Kosten für den Anschluss an das Gasnetz hat die Stadt Düsseldorf als Eigentümerin getragen. Es wurden eine Kochküche, neue Fenster und eine moderne Beleuchtung eingebaut. Am 28. Juni 2012 waren die Sanierungsarbeiten abgeschlossen.

Genutzt wird das Tor für Vorstandssitzungen und Besprechungen der Düsseldorfer Jonges und für kleine Feiern der Vereinsmitglieder. Jedes Jahr zum »Tag des offenen Denkmals« kann das Innere des nördlichen Ratinger Tores besichtigt werden.
1963 wurde am nördlichen Ratinger Tor aus Anlass des 675. Geburtstages der Stadt Düsseldorf als Stiftung der Düsseldorfer Jonges eine bronzene Gedenktafel für Adolph von Vagedes angebracht, die Sie an der westlichen Fassade

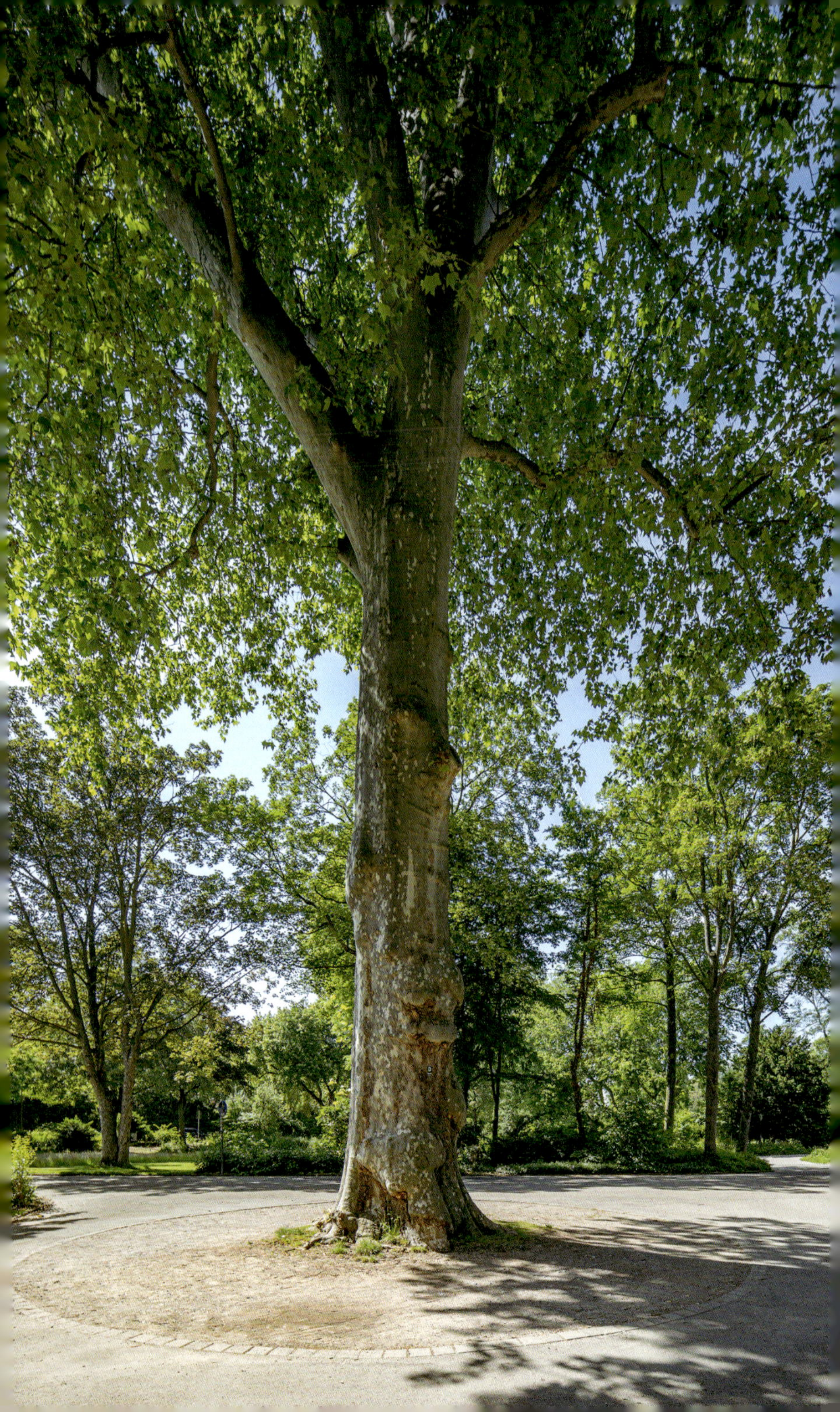

sehen können. Die Vagedesstraße und der Adolph-von-Vagedes-Platz im Stadtteil Pempelfort erinnern an den großen Baumeister.

Vom Nordtor des Ratinger Tores führt Sie nun ein diagonaler Weg, übrigens der erste Weg im Hofgarten, der im Jahr 1888 zwischen Ratinger Tor und Kaiserstraße als Betonweg ausgestaltet wurde, wieder in den Hofgarten hinein. Jetzt sind wir im nördlichen Teil, und bald stoßen Sie auf ein Rondell mit einer prachtvollen **Platane** (Abb. S. 118), die ebenso wie die Platanen auf dem Hexenberg und vor dem Hofgärtnerhaus rund 200 Jahre alt ist, also noch zu Lebzeiten von Maximilian Weyhe gepflanzt wurde. Die Platane, vor der Sie jetzt stehen, hat in den 1970er-Jahren eine ganz besondere Behandlung erfahren. Damals wurde mit dem Bau der ersten Düsseldorfer U-Bahn begonnen, und von der Haltestelle Nordstraße führt der U-Bahn-Tunnel diagonal durch den Hofgarten bis zur Heinrich-Heine-Allee, genau unter der Platane hindurch. Damit sie durch den Bau nicht in Mitleidenschaft gezogen wurde, kamen die Planer auf eine geniale Idee. Sie bauten dem Wurzelwerk des Baumes einen unterirdischen Balkon, der auf dem Tunneldeckel der U-Bahn steht und die Platane bis jetzt gedeihen lässt.
Gehen Sie an der Platane vorbei in Richtung Osten, sehen Sie nach wenigen Metern auf der linken Seite das **Ehrenmal für das 1. Westfälische Feldartillerie-Regiment Nr. 7** (Abb. S. 120) und fragen sich vielleicht, warum lange vor der Gründung des Landes Nordrhein-Westfalen im

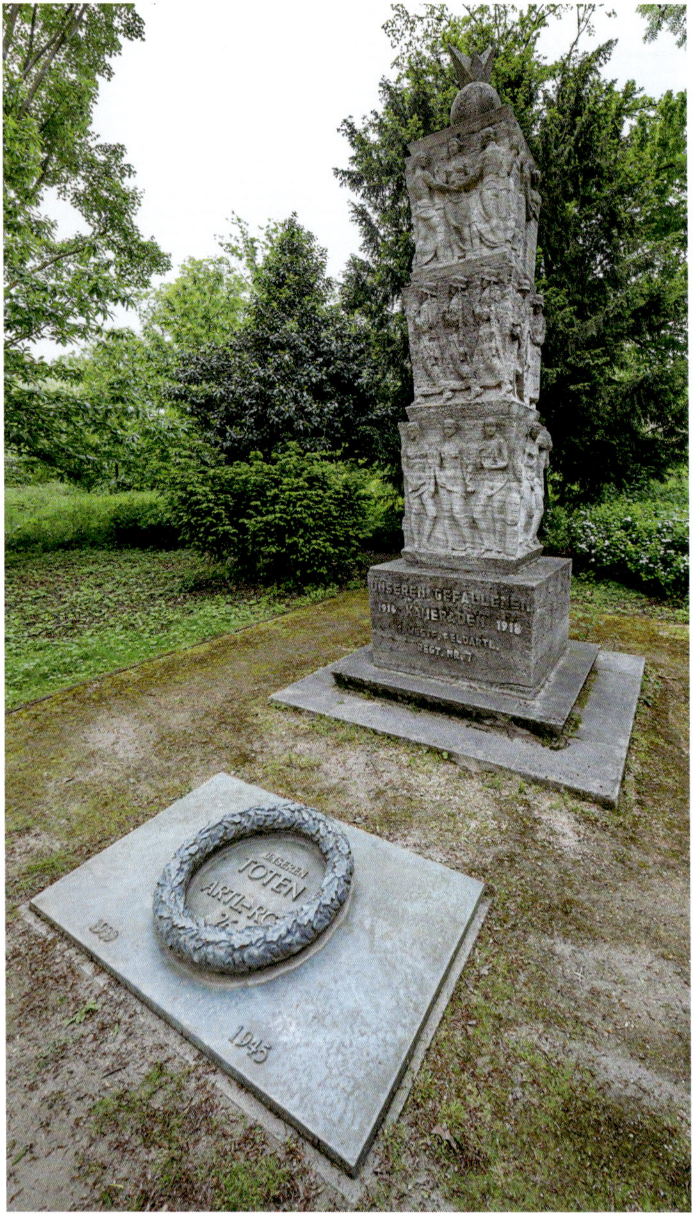
1918
REGT. NR. 7
TOTEN
1945

Jahr 1946 ein Westfälisches Regiment im rheinischen Düsseldorf seinen Sitz hatte, denn das Regiment war schon 1816 durch König Wilhelm III. von Preußen gegründet worden. Als einer der Beschlüsse des Wiener Kongresses von 1815 waren das Rheinland und Westfalen Landesteile von Preußen geworden, und die preußischen Könige und deren Regierungen in Berlin setzten die bestehenden Militärverbände unabhängig von ihrer Herkunft dort ein, wo sie nötig erschienen, wobei der Sitz des Militärstabes immer in Münster in Westfalen war.

So wurde das westfälische Regiment in Düsseldorf stationiert und hatte schon vor dem Ersten Weltkrieg an zahlreichen Kriegen des 19. Jahrhunderts teilgenommen. Im Ersten Weltkrieg hatten die Soldaten des Regiments an der Westfront gekämpft, und an ihre Toten sollte durch ein im Hofgarten errichtetes Denkmal erinnert werden. Am 29. Juli 1928 wurde das Ehrenmal, das vom Bildhauer **Rudolf Zieseniss** (1883 bis 1959) geschaffen wurde, feierlich eingeweiht. Über dem Sockel mit der Erinnerungsschrift sehen wir drei Reliefblöcke, die unten den Frieden, in der Mitte den Krieg und oben den Wiederaufbau symbolisieren sollen. Auf dem Ganzen thront ein Gebilde, das man beim ersten flüchtigen Blick für eine Krone halten könnte, aber leider ist es das nicht. Es handelt sich vielmehr um die Darstellung einer platzenden Granate, das Wahrzeichen des Regiments. Im Jahr 1936 wurde in Düsseldorf das Artillerie-Regiment 26 gegründet. Auch an deren Tote sollte nach dem Zweiten Weltkrieg erinnert werden. Und

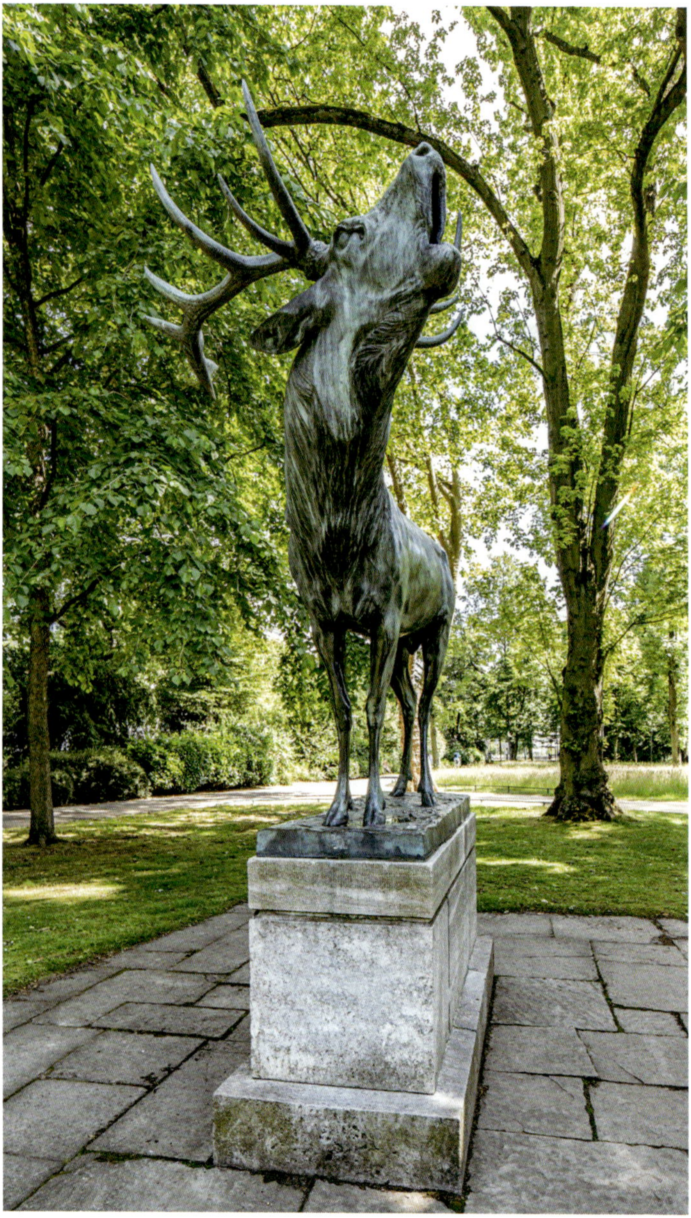

so wurde 1963 die vor dem Denkmal liegende Bronzeplatte mit Lorbeerkranz nach dem Entwurf des Bildhauers **Rudolf Christian Baisch** (1903 bis 1990) angebracht.

Gehen Sie nun einige Meter weiter und biegen Sie dann nach links ab. Alsbald überqueren Sie eine Allee, die nach rechts auf das Hofgärtnerhaus ausgerichtet ist. Dies ist die ursprüngliche Reitallee, die so auch von Maximilian Weyhe in seinen Plänen bezeichnet wurde.

Wenn Sie einige Meter weiter geradeaus gehen, sehen Sie links auf einer Rasenfläche den **Röhrenden Hirsch** (Abb. S. 122) von **Josef Pallenberg,** der 1882 in Köln geboren wurde und 1946 in Düsseldorf starb. Ab 1899 studierte Pallenberg an der Kunstakademie in Düsseldorf und wurde zu Beginn des 20. Jahrhunderts als Tierbildhauer bekannt. Bis 1909 hatte er sein Atelier in Köln, dann zog er nach Düsseldorf-Lohausen in die Niederrheinstraße um. Nach dem Tode Pallenbergs wurde Arno Breker, von dem wir im Ehrenhof seine »Aurora« sehen werden, neuer Eigentümer von Haus und Atelier. Noch in seinem Kölner Atelier hatte Pallenberg 1907 den »Rominter Brunfthirsch« geschaffen, der auf der Nationalen Kunstausstellung in Berlin mit der Goldenen Staatsmedaille ausgezeichnet wurde und dessen Original heute im Zoologischen Garten in Berlin steht. Die im Hofgarten stehende Replik wurde 1908 vom Düsseldorfer Verschönerungsverein angekauft und 1909 hinter dem Hofgärtnerhaus aufgestellt. Im Rahmen der »Metallspende des deutschen Volkes« wurde er 1942 abgebaut, überstand aber glücklicherweise den Krieg. 1957 goss Hermann Isenmann einen neuen Abguss des Hirschs in Bronze, und seitdem steht er an seinem jetzigen Standort.

Gehen Sie nun Richtung Westen und biegen Sie an der Hauptallee nach rechts ab. Bald sehen Sie auf der rechten Seite einen großen Spielplatz und erreichen zur linken Seite den **Napoleonsberg.** Bevor Sie ihn ersteigen, können Sie links einen Gedenkstein sehen, der daran erinnert, dass hier im Jahre 1815 der erste Turnplatz im Rheinland eröffnet wurde. »Turnvater« Friedrich Jahn war der Initiator. Zugleich erinnerte der Stein im Jahr seiner Aufstellung 1987 an das 140-jährige Bestehen des Düsseldorfer Turnvereins, des ältesten Sportvereins in Düsseldorf, der heute mit zwölf Abteilungen seinen Sitz am Staufenplatz hat.

Nun wollen wir den Napoleonsberg erklimmen. Seinen Namen hat er tatsächlich vom großen Kaiser der Franzosen, der Düsseldorf im November 1811 besuchte und dabei auch die Anweisung gab, einen neuen Sicherheitshafen anzulegen. Dieser Sicherheitshafen lag vor dem Gebäude der Kunstakademie, die Sie halb rechts sehen können, wenn Sie den »Berg« erklommen haben. Der bei der Anlage des Hafens angefallene Erdaushub wurde hier abgelegt, und weil Napoleon der Verursacher war, kam der Berg zu seinem Namen.

Wenn Sie nun in nordwestlicher Richtung weitergehen, erreichen Sie nach wenigen Metern eine wunderschöne

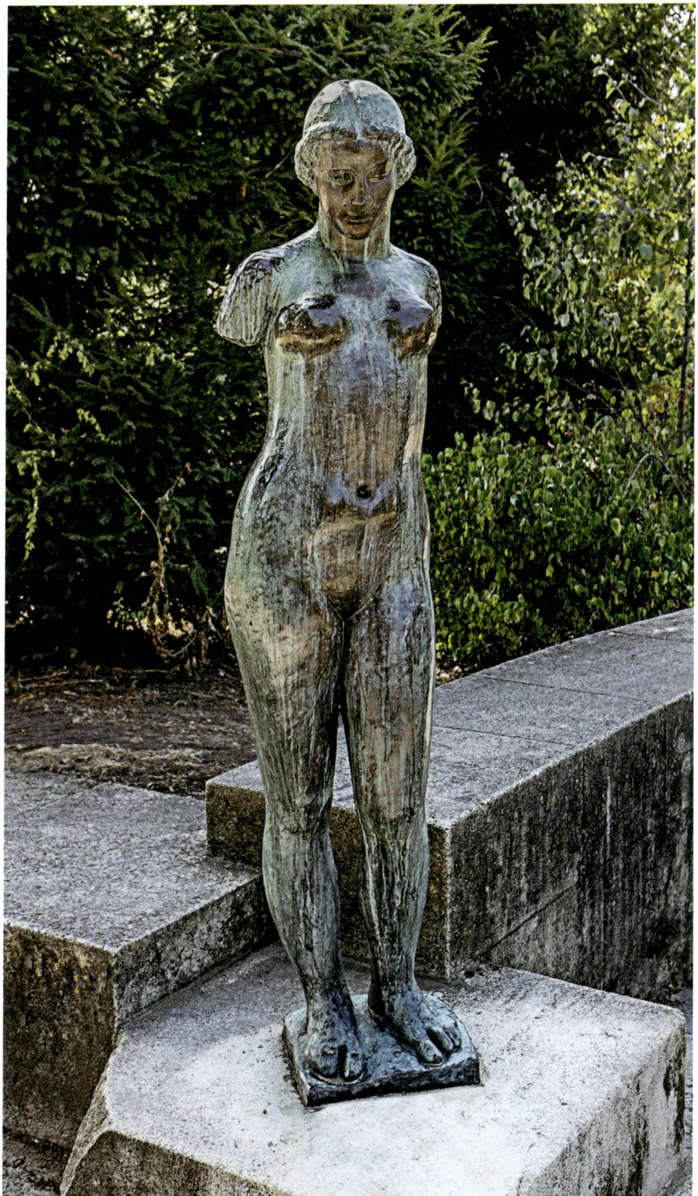

Bronzeskulptur, die **Erinnerung an Heinrich Heine** (Abb. S. 125) von **Aristide Maillol** (1861 bis 1944). Die Skulptur mit dem Titel »Harmonie« wurde von Maillol zwischen 1940 und 1944 geschaffen und 1951 von Hugo Henkel dem Kunstverein für die Rheinlande und Westfalen mit der Auflage gestiftet, sie als Teil eines Ehrenmals für Heinrich Heine zu verwenden. Mit der Stadt Düsseldorf kam man überein, auf dem Napoleonsberg eine solche Gedenkstätte zu errichten; 1953 wurde die Skulptur aufgestellt. Die steinerne Einfassung mit einem Bronzerelief von Heinrich Heine wurde von **Ivo Beucker** geschaffen. Ivo Beucker war Bildhauer und lebte seit 1920 in Düsseldorf. Von ihm stammt auch die Büste von Felix Mendelssohn Bartholdy im Foyer des Düsseldorfer Opernhauses, der Kopf von Theodor Fliedner im Kaiserswerther Park gegenüber der Kaiserpfalz und der »Jüngling mit Fisch« auf dem Schulhof des Humboldt-Gymnasiums an der Wielandstraße.

In der Einfassung der Gedenkstätte lesen wir ein Zitat von Heinrich Heine aus seinen »Gedanken und Einfälle«. Das Denkmal wurde in den 1950er-Jahren eher als ein Zeichen für die deutsch-französische Aussöhnung gesehen; als Ehrung für Heine war es schon damals umstritten. Übrigens war Aristide Maillol mit Arno Breker befreundet, von dem das Haus in der Jägerhofstraße 21 und die »Aurora« im Ehrenhof stammen. Maillols Assistentin Dina Vierny war Jüdin und wurde von der Gestapo verhaftet. Breker bewirkte ihre Freilassung. Sie starb 2009.

Vierter Spaziergang

Nachdem wir die Erinnerungsstätte an Heinrich Heine betrachtet haben, verlassen wir den Napoleonsberg über den rechten der beiden abwärts führenden Wege in Richtung Westen und gehen entlang der links liegenden großen Rasenfläche in Richtung Ehrenhof.

Vorher aber sollten Sie noch einen Blick auf das wunderschöne Haus werfen, das rechts von Ihnen an der Inselstraße 17 steht, in dem heute das **Standesamt Düsseldorf** zu Hause ist und in dem sich schon Tausende von Brautpaaren das Jawort gegeben haben. Bevor aber das Haus gebaut wurde, das Sie heute sehen, stand dort eine große Villa mit Garten, in der Anfang der 1840er-Jahre der russische Dichter Wassili Schukowski mit seiner Frau Elisabeth von Reutern wohnte. Schukowski war Lehrer und Erzieher des späteren Zaren Alexander II. und mit Alexander Puschkin, Nikolai Gogol, Goethe, Immermann, Caspar David Friedrich und König Friedrich Wilhelm IV. befreundet. Am 11. November 1842 wurde hier die Tochter Alexandra geboren, die später als russische Hofdame und wegen ihrer Beziehung zu Alexei, einem Sohn von Alexander II., bekannt wurde.

Gegen Ende des 19. Jahrhunderts wurde die Villa, in der einst Schukowski lebte, abgerissen und durch das Haus ersetzt, das Sie nun sehen. Geplant wurde es von **Josef Kleesattel,** der sich in Düsseldorf insbesondere als Architekt von zahlreichen Kirchenbauten einen Namen gemacht hat. Auftraggeber war Hugo Lenzberg, und fertiggestellt wurde das im neugotischen Stil gebaute Haus 1897. Damals war Lenzberg noch Amtsrichter, später stieg er bis zum Senatspräsidenten des Oberlandesgerichts Düsseldorf auf.

Hugo Lenzberg und seine Frau Anna liebten die Kultur und insbesondere die Musik. Regelmäßig fanden in ihrem Haus Konzerte und Abendessen mit Künstlern statt. Die Komponisten Max Reger und Hans Pfitzner waren gern gesehene Gäste. So schön das Haus anzusehen ist, umso bitterer waren die Erfahrungen, die Anna Lenzberg und ihre Kinder Anna Marie und Karl nach dem Tod von Hugo Lenzberg, der 72-jährig 1932 starb, während der Nazizeit machen mussten. In der Pogromnacht vom 9. auf den 10. November 1938 wurden auch ihre Möbel von »Sturmtruppen« auf die Straße geworfen. 1939 verkaufte die Familie Lenzberg das Haus zu einem von den Nationalsozialisten diktierten Preis an die Stadt Düsseldorf. Ab 1941 war dort die »Standortgebührnisstelle« untergebracht, die unter anderem für die Wehrsoldauszahlung zuständig war. Im September 1945 zog das Standesamt in das Gebäude ein. Anna Lenzberg starb mit 77 Jahren am 20. Juli 1942, einen Tag bevor sie ins Konzentrationslager nach Theresienstadt deportiert werden sollte. Ihre Kinder waren rechtzeitig geflüchtet und kamen nach dem Naziterror nach Deutschland zurück. Sie wurden in einem Vergleichsverfahren für den 1939 erpressten Kaufpreis des Hauses entschädigt.

Vielleicht fragen Sie sich an Ihrem Standort auch, warum die Inselstraße ihren Namen trägt, wo doch weit und breit keine Insel zu sehen ist. Ihren Namen hat die Straße seit 1854 und da führte sie zur Golzheimer Insel. Das war ein Vorland zwischen der heutigen Oberkasseler Brücke und der Theodor-Heuss-Brücke, das 1902 aus Anlass der Industrie- und Gewerbeausstellung aufgeschüttet wurde und heute als Rheinpark der Erholung dient. Von 1875 bis 1901 fand auf der Golzheimer Insel die jährliche Kirmes des St. Sebastianus Schützenvereins statt. Danach wurde sie dorthin verlegt, wo sie noch heute jedes Jahr im Juli stattfindet, auf die linksrheinischen Rheinwiesen von Oberkassel, direkt der Altstadt gegenüber.

Jetzt gehen wir wieder zurück in den Hofgarten. Die vor Ihnen liegende große Rasenfläche, die heute zum Spiel und zur Erholung genutzt wird, war ab 1824 Schauplatz des jährlichen großen Schützenfestes, bevor es 1875 auf die Golzheimer Insel verlegt wurde, und hieß deshalb in früheren Zeiten **Schützenwiese.**

Wenn Sie auf dem Weg zum Ehrenhof weitere geschichtsträchtige Häuser auf der Inselstraße sehen möchten, sollten Sie noch einen kleinen Abstecher zu den Häusern Nummer 26 und 27 machen. Das Haus Nummer 26 wurde 1883, das Haus Nummer 27 wurde 1887 fertiggestellt, und in beiden Fällen war einer der beauftragten Architekten Bruno Schmitz. Das klingt wie rheinischer Adel und ist es auch, denn **Bruno Schmitz** wurde 1858 in Düsseldorf in der Flingerstraße 6 geboren. Als junger Architekt war Schmitz einer der Assistenten von Julius Raschdorff, dem Architekten des Berliner Doms, als dieser das Ständehaus in Düsseldorf bauen ließ. Und auch die Fassaden der Häuser Lambertusstraße 4 und 6 in der Düsseldorfer Altstadt stammen von Bruno Schmitz. Er hat sie später als Jugendsünden bezeichnet. Nach seinem Wirken in Düsseldorf ging Schmitz 1886 nach Berlin und wurde dort zu einem der Lieblingsarchitekten von Kaiser Wilhelm II. Von Bruno Schmitz stammen unter anderem das Völkerschlachtdenkmal in Leipzig, die Kaiser-Wilhelm-Denkmäler im Kyffhäusergebirge in Thüringen und am Deutschen Eck in Koblenz sowie das Kaiser-Wilhelm-Denkmal an der Porta Westfalica. Besonders skurril ist mit ihm nach seinem Tod umgegangen worden. Er starb 1916 in Berlin, und sein Wunsch war es, dass seine Asche im Rhein verstreut werde. Weil dies das deutsche Recht nicht erlaubte, verfügte Wilhelm II., dass die Asche von Schmitz im Kyffkäuserdenkmal ihre letzte Ruhe finden solle. Als der Raum des Denkmals, in dem die Asche ruhte, zu DDR-Zeiten in den 1960er-Jahren umgestaltet wurde, verbannte man die Urne mit der Asche von Schmitz in einen Keller. Später gelang es den Nachkommen von Schmitz, die Asche nach Düsseldorf zu holen. Auf dem Nordfriedhof hat sie einen würdigen Platz gefunden.

Jetzt gehen wir zurück in den Hofgarten und erreichen bald den **Ehrenhof,** der durch die Inselstraße geteilt wird, und biegen zunächst nach links in die wunderschöne Anlage ein, die den Abschluss des Hofgartens bildet. Geschaffen wurde das Gelände im Jahr 1926, als in Düsseldorf eine große Ausstellung stattfand, die sich der Gesundheitspflege, der sozialen Fürsorge und den Leibesübungen widmete und kurz GeSoLei genannt wurde. Die gärtnerische Anlage des Ehrenhofs geht auf die Ideen des Gartendirektors **Walter von Engelhardt** zurück, der diesen Titel seit der Gründung des städtischen Gartenamtes im Jahr 1906 innehatte und damit auch ein Nachfolger von Maximilian Weyhe war. Die Gebäude, die Sie auf Ihrem Weg durch den Ehrenhof sehen, wurden nach den Plänen des Architekten **Wilhelm Kreis** gebaut und gelten heute als Hauptwerke der Düsseldorfer Backsteinarchitektur in den 1920er-Jahren. Dazu zählt auch das am östlichen Rand der Altstadt stehende Wilhelm-Marx-Haus, das ebenfalls von Kreis geplant wurde und bei seiner Fertigstellung im Jahr 1924 mit nur 57 Metern Höhe für kurze Zeit das höchste frei stehende Hochhaus Europas war.

Wilhelm Kreis wurde 1908 Nachfolger von Peter Behrens als Direktor der Kunstgewerbeschule, dessen Gebäude noch heute am Burgplatz in der Düsseldorfer Altstadt steht und unter anderem durch die Akademie-Galerie genutzt wird. 1920 wurde die Architekturabteilung der Kunstgewerbeschule von der Kunstakademie Düsseldorf übernommen, und Kreis wurde dort Professor. 1926 nahm er eine Professur an der Kunstakademie in Dresden an.

Den Namen Ehrenhof hatte Kreis in Anlehnung an einen von drei Flügeln umschlossenen Schlosshof, »Cour d'Honneur« genannt, ursprünglich nur für die im Norden liegende Dreiflügelanlage mit dem Brunnen in der Mitte gewählt. Heute bezeichnet der Name die gesamte Anlage vom Belvedere im Norden bis zur Tonhalle im Süden.

Die Schönheit des Ehrenhofs wird nicht nur durch die Backsteingebäude und die gärtnerischen Anlagen begründet, sondern auch durch die Kunst, die uns geradezu an jeder Ecke des Ehrenhofs begegnet.

Nachdem Sie links in den Ehrenhof eingebogen sind, sehen Sie eine Arbeit des 1949 in Düsseldorf geborenen Bildhauers **Ernst Hesse,** der vornehmlich in Düsseldorf lebt und arbeitet. Die Plastik aus Grauguss **Ohne Titel (Es gibt nichts mehr, wohin es sich zurückziehen lässt)** wurde 1988 aufgestellt und trägt auf ihrer Oberfläche zwei vielgestaltige Objekte ebenfalls aus Grauguss, durch die der Künstler Bezug auf die festungsartige Architektur des Ehrenhofs nimmt. Das auf einer kleinen Bronzeplatte neben der Plastik erwähnte Zitat stammt von Michail Gorbatschow und verweist auf die Verplanung öffentlichen Raums. Von Ernst Hesse gibt es in Düsseldorf noch zwei weitere Kunstwerke zu bewundern. Da ist zum einen die Stahlplastik »Bewegung« am Kennedydamm/Ecke

Rossstraße und zum anderen der bronzene »Turm der Erinnerung« am Wohnhaus Graf-Recke-Straße 30.

Direkt neben dem Werk von Ernst Hesse sehen Sie auf der steinernen Umrahmung des Ehrenhofs eine von vier **Schmuckvasen** aus Muschelkalk, die wie die gesamte Anlage aus dem Jahr 1926 stammen. Die beiden östlich stehenden Vasen wurden von **Ernst Gottschalk** geschaffen. Er wurde am 15. Oktober 1877 in Düsseldorf geboren und starb hier am 2. September 1942. Gottschalk war Bildhauer und Mitglied in der Vereinigung »Das Junge Rheinland«, im Künstlerverein Malkasten und der »Rheinischen Sezession«. Sein Werk umfasst Denkmäler, Skulpturen, Porträtbüsten, Reliefs und figürliche Grabdenkmäler. Die Vase, vor der Sie jetzt stehen, zeigt als Motiv Frauen, die baden, sich waschen, abtrocknen und kämmen. Ein Blick in den Spiegel ist auch zu erkennen.

Wenn Sie nun auf dem Weg entlang der Umfassungsmauer weiter in Richtung Süden gehen, erreichen Sie bald auf der linken Seite ein weiteres Denkmal, das Heinrich Heine gewidmet ist, und zwar den **Aufstrebenden Jüngling** (Abb. S. 134), eine Bronzeskulptur von **Georg Kolbe.** Kolbe wurde am 15. April 1877 in Waldheim/Sachsen geboren und starb am 20. November 1947 in Berlin. Außer dem angebrachten Hinweis, dass der Jüngling »Heinrich Heine gewidmet« ist, mag sich der Betrachter, wie schon bei der »Harmonie« von Aristide Maillol, fragen, was dieses Kunstwerk mit Heinrich Heine zu tun haben soll. Die

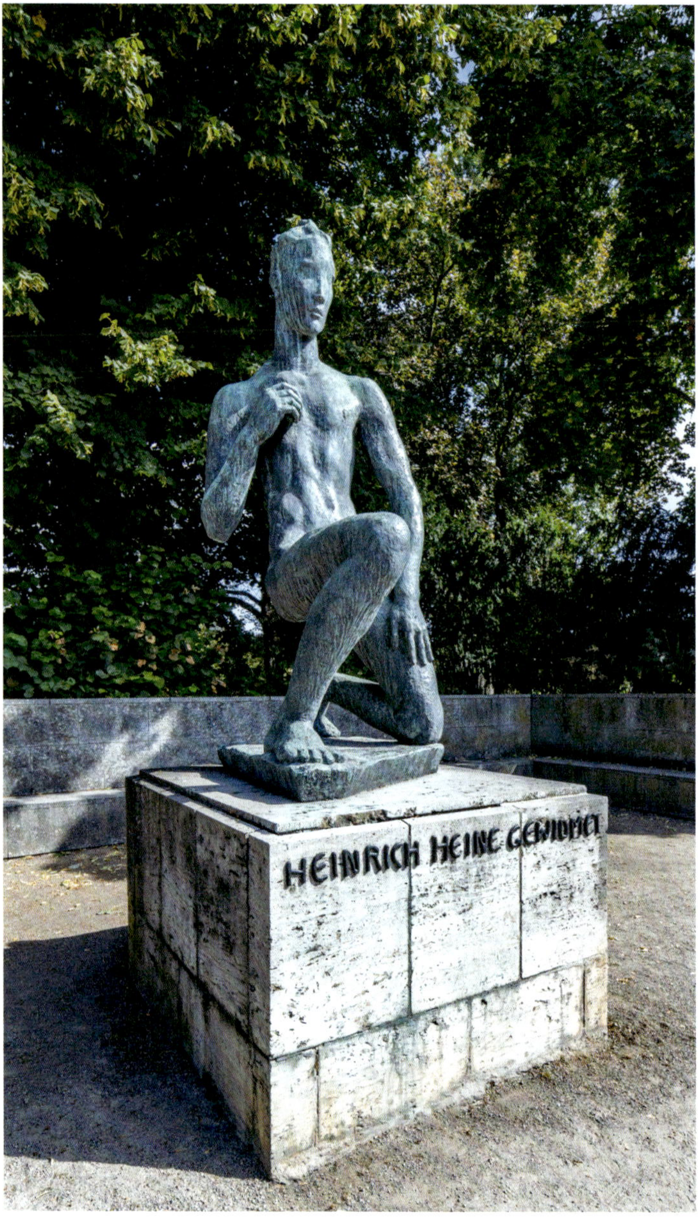
HEINRICH HEINE GEWIDMET

Geschichte des Denkmals geht zurück in das Ende der 20er-Jahre des letzten Jahrhunderts. Im Jahr 1926 riefen die Schriftsteller Herbert Eulenberg und Hanns Heinz Ewers zur Errichtung eines Heine-Denkmals auf, nachdem ein erster Versuch 1888 gescheitert war. 1928 beschloss der Düsseldorfer Stadtrat die Bereitstellung von 10.000 Reichsmark für ein solches Denkmal. Nachdem sich auch der damalige Oberbürgermeister Robert Lehr und viele prominente Persönlichkeiten diesem Vorhaben angeschlossen hatten, wurde 1931 ein reichsweiter Wettbewerb ausgeschrieben, den Georg Kolbe gewann. Er sah in seinem Entwurf ein Gleichnis zum jungen Heine:

»Aus dem Sinnen zum Ansprung gespannt, zur Aktion bereit. Also eine Verehrung des lyrischen und revolutionären Geistes.«

Nach der Fertigstellung der Skulptur war eine Aufstellung wegen der Nazizeit in Deutschland unmöglich geworden. So stand die Skulptur, allerdings ohne die heutige Widmung, zunächst im Hetjens-Museum, dem heute weltweit größten Keramikmuseum, das damals seinen Sitz im Ehrenhof hatte und heute in der Schulstraße in der Carlstadt beheimatet ist. 1949 wurde die Skulptur an ihrem heutigen Platz aufgestellt und trotz der Widmung, die erst 2002 angebracht wurde, fragen sich die Betrachter nach wie vor nach dem Zusammenhang mit Heinrich Heine.

Gehen Sie nun weiter auf dem Weg Richtung Süden, und bald erreichen Sie die zweite **Schmuckvase** von Ernst Gottschalk aus dem Jahr 1926. Sie zeigt unbekleidete Männer, die Pferde am Zaum führen, gewissermaßen eine verkleinerte Form der schon seit der römischen Kaiserzeit beliebten Darstellung von »Rossebändigern«.

Von hier aus haben Sie auch einen Blick auf den links im Hofgarten liegenden Spielplatz. Bei den Erdarbeiten für den im Jahr 2014 neu angelegten **Seilklettergarten** (Abb. S. 137) wurden Reste des 1902 dort errichteten und 1926 ohne Genehmigung abgetragenen **Majolikahäuschens** (Abb. S. 138/139) entdeckt. Die Geschichte des bei den Düsseldorfern sehr beliebten Pavillons liest sich wie ein kleiner Krimi, ohne dass für den nicht genehmigten Abriss jemals jemand zur Verantwortung gezogen wurde.

Das Majolikahäuschen, der Name wird von der Mittelmeerinsel Mallorca abgeleitet, von der aus die im maurischen Spanien hergestellte Fayence nach Italien ausgeführt wurden, entstand für die Düsseldorfer Industrie- und Gewerbeausstellung 1902 als Ausstellungspavillon der Firma Villeroy & Boch. Nach dem Ende der Ausstellung ging der Pavillon in das Eigentum der Stadt Düsseldorf über. Der Bau wurde zuerst als Milchhäuschen, dann als Café genutzt. Als 1925 die Ausstellung GeSoLei konzipiert wurde, empfand Wilhelm Kreis das Jugendstilgebäude als störend, weil es seinem Konzept von modernen Gebäuden widersprach. »Meine ganze Gesolei wird mir versaut«,

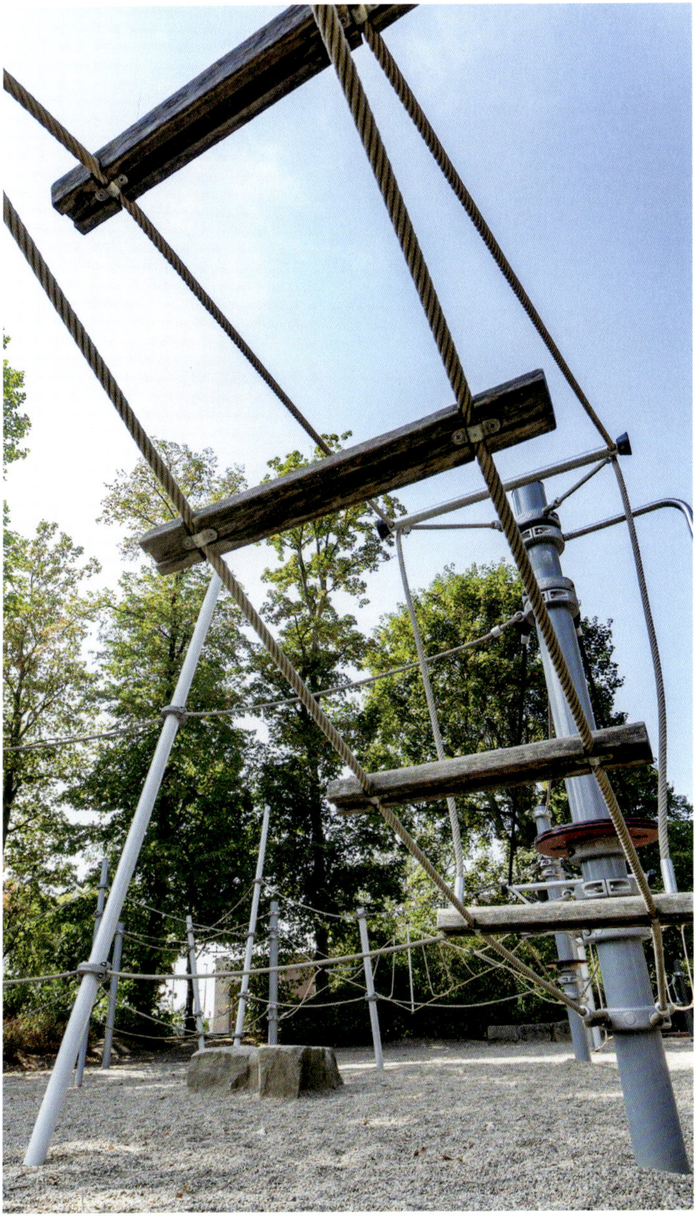

Düsseldorf

Milchpavillon im Hofgarten

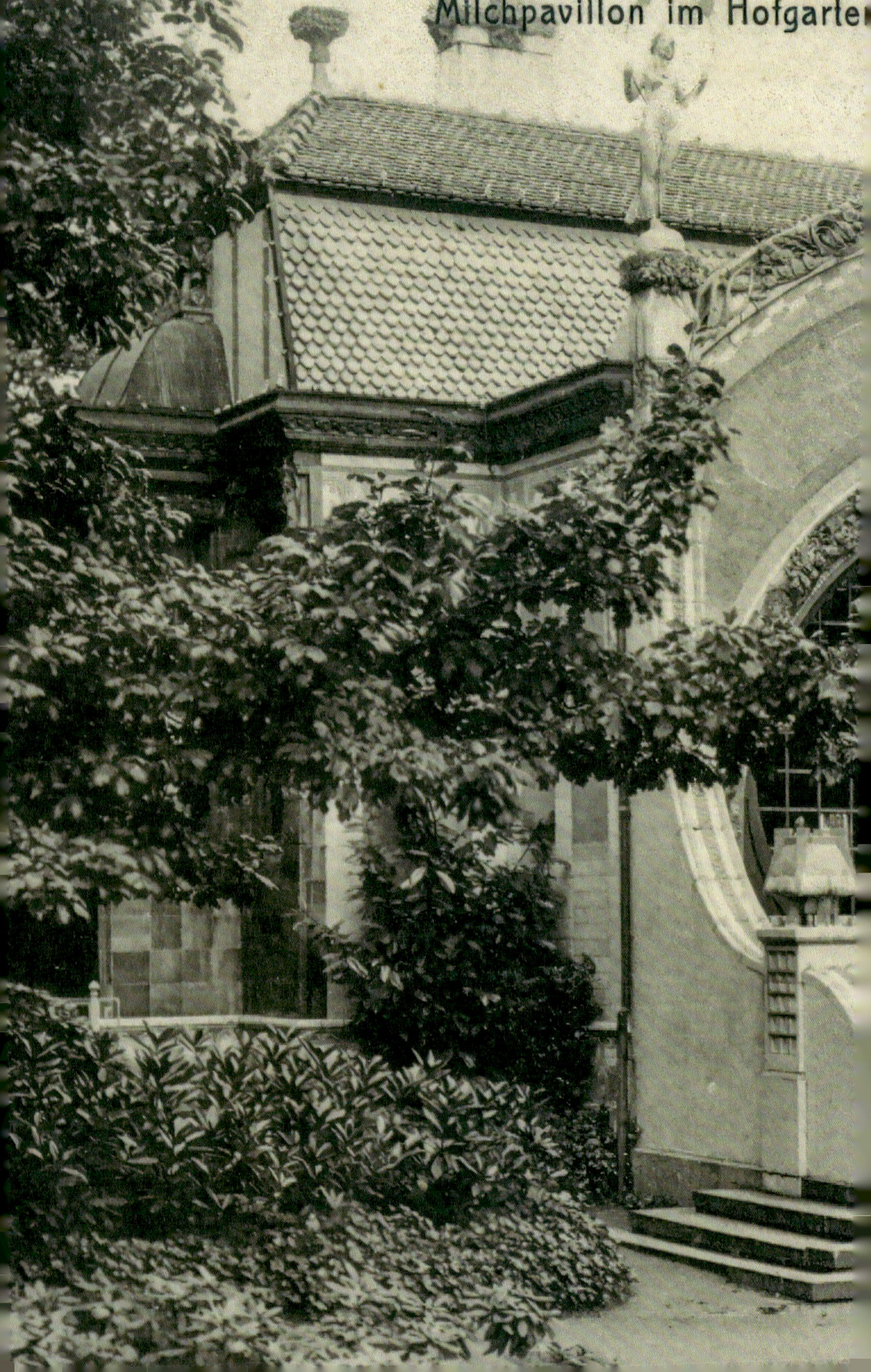

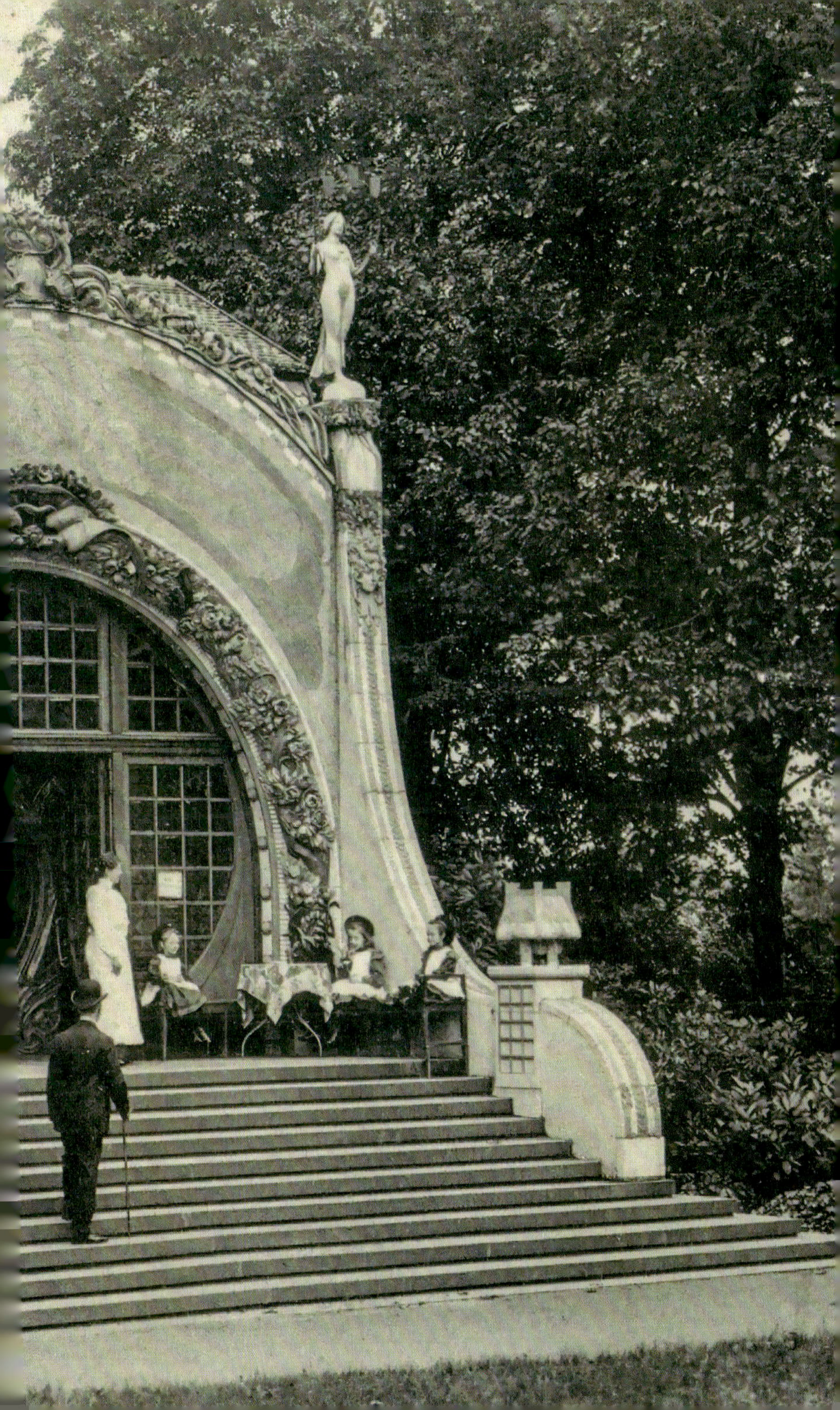

soll Kreis gesagt haben. Das Majolikahäuschen war in seiner Funktion als Café in der Bevölkerung jedoch sehr beliebt. Eine städtische Genehmigung zum Abriss des Pavillons hätte es also nicht gegeben. Aber am Morgen des 10. Februar 1926 war das Majolikahäuschen verschwunden. Wer dafür die Verantwortung hatte, wurde erst 38 Jahre später bekannt. 1964 erklärte ein im Ruhestand lebender Ingenieur, der 1926 für die GeSoLei tätig gewesen war, dass er nach einem Gespräch mit Kreis einen Bautrupp zusammengestellt und den Abbruch in der Nacht zum 10. Februar durchgeführt habe. Aber inzwischen war die strafbare Handlung natürlich verjährt.

Nach diesem kurzen Ausflug in die Kriminalgeschichte des Hofgartens erblicken Sie Richtung Süden schauend das eindrucksvolle Gebäude der Tonhalle, das ebenfalls 1926 aus Anlass der Ausstellung GeSoLei entstanden ist, damals das weltweit größte Planetarium war und nach einem inneren Umbau seit 1979 als Konzerthalle dient. Nachdem die Akustik im Hauptsaal, der nach Felix Mendelssohn Bartholdy Mendelssohn-Saal genannt wird, nicht immer den Ansprüchen der Musiker genügte, wurde der Saal im Sommer 2005 erneut saniert, und nun sind Musiker wie Besucher voll des Lobes über das Klangerlebnis. Seit 1987 steht das Gebäude unter Denkmalschutz.

Wenn Sie die Oederallee überqueren, können Sie in der linken Halle ein beeindruckendes Glasmosaik von **Heinrich Nauen** aus dem Jahr 1926 sehen, **Die Verehrung Mariens durch die Kunst.** Während der Nazizeit wurde es »Der Rhein als Träger der Schönheit« genannt, weil man den religiösen Inhalt des Werkes nicht in seinem Titel deutlich werden lassen wollte. Heinrich Nauen, der 1880 wie 41 Jahre später Joseph Beuys in Krefeld geboren wurde, starb 1940 in Kalkar am Niederrhein. Er gilt als einer der bedeutendsten Vertreter des Rheinischen Expressionismus und war mit Ewald Mataré befreundet, dem späteren Lehrer von Joseph Beuys an der Kunstakademie in Düsseldorf. Nach der Vorlage von Mataré gestaltete Beuys später das Grabmal von Nauen auf dem Friedhof in Kalkar. Nauen hatte sein erstes Studium der Malerei an der Kunstakademie in Düsseldorf 1898 begonnen und wurde 1921 als Professor für Malerei an die Akademie berufen, ein Amt, das er bis 1937 innehatte. Dann wurde er unter dem Vorwurf der entarteten Kunst von den Nationalsozialisten entlassen.

Gehen Sie nun noch einige Meter weiter in Richtung des Haupteingangs der Tonhalle und wenden Sie sich dann nach rechts. Sie sehen nun eine Gedenktafel, die an die erste Bücherverbrennung in Düsseldorf während der Nazizeit erinnert.

Links und rechts des Haupteingangs zur Tonhalle können Sie die Bronzebüsten der in Düsseldorf tätigen Musiker Norbert Burgmüller, Clara und Robert Schumann und Felix Mendelssohn Bartholdy sehen.

Wenn Sie nun zurück und in Richtung Rhein gehen, erreichen Sie links eine **Planetengruppe,** was insofern stimmig ist, weil hier einst das größte Planetarium der Welt zu Hause war. Die Figuren von **Carl Moritz Schreiner** stellen Verkörperungen von Venus und Saturn sowie Mars und Jupiter dar. Dabei steht der römische Kriegsgott Mars für kraftvolle Aktion und wehrhafte Kampfbereitschaft. Venus repräsentiert als Liebesgöttin das weibliche Pendant. Mit Saturn wird im römischen Pantheon an den Gott des Ackerbaus erinnert, der auch als Symbol des mythischen Goldenen Zeitalters verehrt wurde. Und der größte Planet in unserem Sonnensystem ist nach dem römischen Göttervater Jupiter benannt, der allgemeines Glück und Wohlstand verkörpert.

Carl Moritz Schreiner, 1889 in Barmen/Wuppertal geboren und 1948 in Konstanz gestorben, war in den 1920er-Jahren ein geschätzter Düsseldorfer Bildhauer. Nach der Machtergreifung durch die Nationalsozialisten passte er sich den neuen Machthabern nicht an, und seine Kunst wurde als »undeutsch« diffamiert. Der Düsseldorfer Kreisleiter der NSDAP wies in einem Schreiben vom 20. August 1936 auf die »noch heute ablehnende Stellung dem Staate gegenüber« hin, und Schreiners Planetengruppe wurde abgebaut. Ein Großteil der Arbeiten Schreiners ging während des Zweiten Weltkrieges verloren. Die Planetengruppe ist der Zerstörung entgangen und wurde 1980 wieder an ihrem ursprünglichen Ort aufgestellt.

Wenn Sie nun weiter in Richtung Rhein gehen, sehen Sie in der rechten Vorhalle des Tonhallengebäudes ein weiteres Glasmosaik von Heinrich Nauen. Es trägt den Titel **Der Rhein als Träger des Lebens.**

Das dritte Glasmosaik von Heinrich Nauen sehen Sie, wenn Sie nun die Oederallee wieder Richtung Norden überqueren: Es trägt den Titel **Der Tanz.**

Die Mosaiken von Nauen waren den Nazis nicht geheuer, für sie waren sie wesensfremd, aber sie ließen sie dennoch unbehelligt. Anders erging es den Mosaiken von Jan Thorn-Prikker, die Sie etwas später sehen können.

Zunächst aber sehen Sie rechts neben der Halle mit der Tanzgruppe auf der Empore, die zum NRW-Forum führt, wiederum eine Schmuckvase aus Muschelkalk. Sie wurde von **Willi Hoselmann** ebenfalls im Jahr 1926 geschaffen und trägt den Titel **Martinszug.** Willi Hoselmann war ein Bildhauer, der 1890 in Duisburg geboren wurde und 1978 in Düsseldorf starb. Nach seinem Studium an der Kunstakademie Düsseldorf wurde er zu einem der bekanntesten Düsseldorfer Künstler, von dem auch heute noch zahlreiche Werke im Düsseldorfer Stadtbild zu sehen sind. Das bekannteste ist der »Fischerjungen-Brunnen« neben der Lambertuskirche in der Düsseldorfer Altstadt, der 1938 als Geschenk der Düsseldorfer Jonges eingeweiht wurde, des mit über 3000 Mitgliedern größten Heimatvereins in Europa, wenn nicht weltweit. Anlass war der 650. Geburtstag der Stadt Düsseldorf. Weitere Werke Hoselmanns sind der »Gießerjunge« auf dem Marktplatz und die an Heinrich Heine erinnernde Gedenkplatte in der Bolkerstraße 53.

Weiter Richtung Norden gehend erreichen Sie bald den Haupteingang zum NRW-Forum. Das Gebäude hat eine wechselvolle Geschichte hinter sich. Nach der GeSoLei-Ausstellung war hier ab Juni 1928 das Reichmuseum für Gesellschafts- und Wirtschaftskunde beheimatet. Von Dezember 1951 bis zum Beginn der 1990er-Jahre war es Sitz des Landesmuseums Volk und Wirtschaft, das bei den Düsseldorfern sehr beliebt war. Ältere Düsseldorferinnen und Düsseldorfer werden sich sicherlich an das im Untergeschoss aufgebaute Steinkohlenbergwerk erinnern, das die Attraktion des Museums war. Nach vollständiger Sanierung des Gebäudes wurde dann im Oktober 1998 das NRW Forum Kultur und Wirtschaft eröffnet. Seit 2015 führt es den Namen NRW-Forum Düsseldorf und ist ein Ausstellungs- und Veranstaltungshaus mit den Schwerpunkten digitale Kultur, Fotografie und Pop.

Weiter nördlich sehen Sie eine zweite Schmuckvase von Willi Hoselmann, die den Titel **Lebensalter** trägt.

Jetzt sind Sie wieder an der Inselstraße und sollten Ihre Schritte zunächst nach links Richtung Rhein wenden. Nach wenigen Metern erwartet Sie eine weitere Halle mit einem eindrucksvollen Glasmosaik, diesmal von **Jan Thorn Prikker,** es trägt den Titel **Die Nacht.** Jan Thorn Prikker wurde 1868 in Den Haag geboren und starb 1932 in Köln. Nach seinem Studium an der Kunstakademie in Den Haag arbeitete er zunächst in den Niederlanden, bevor er sich 1904 in Deutschland niederließ. Von 1923 bis 1926 lehrte er als Professor für Glasmalerei und Monumentalkunst an der Kunstakademie in Düsseldorf. Dann wechselte er nach Köln, wo er bis zu seinem Tod in den Kölner Werkschulen lehrte.

Wenn Sie vor der »Nacht« stehen und sich dann umwenden und über die Inselstraße gehen, sehen Sie das zweite Werk von Jan Thorn Prikker, nämlich das Glasmosaik mit dem Titel **Der Tag.**

Diese Arbeiten von Prikker waren den Nazis ein Dorn im Auge, sie galten als entartete Kunst und sollten verschwinden. Zum Glück gab es aber auch kunstsinnige und einfallsreiche Menschen in der damaligen Düsseldorfer Stadtverwaltung, und so wurden die beiden Mosaiken des Nachts mit Papier überklebt und mit Zement überputzt. Es sah also so aus, als wären die Mosaike entfernt worden. So versteckt überstanden sie die Nazi- und Kriegszeit und konnten 1947 wieder freigelegt werden.

Gehen Sie nun wieder in den Ehrenhof hinein Richtung Norden und erfreuen Sie sich an den Gebäuden des Kunstmuseums, der schmückenden Brunnenanlage und den Kunstwerken. Links in der Ecke sehen Sie die große farbige **Ellipse** von **Katharina Grosse,** die 1961 in Freiburg geboren wurde. Das Werk entstand 2009 und steht an diesem Platz seit 2014. Es handelt sich um eine fast kreisrunde, nach oben geöffnete Scheibe, die uns die Farben des Regenbogens zeigt.

Auf der rechts gelegenen Rasenfläche sehen Sie ein fast 3 Meter langes **Nashorn** aus Bronze, das vom Bildhauer und Fotografen **Johannes Brus,** der 1942 in Gelsenkirchen geboren wurde und von 1964 bis 1971 an der Kunstakademie in Düsseldorf studiert hatte, im Jahr 2002 geschaffen wurde. 2009 fand ihm zu Ehren eine Ausstellung in Düsseldorf statt, und eine Galerie stellte das Nashorn als Leihgabe zur Verfügung, bis es 2012 für die Sammlung des Kunstpalastes erworben wurde.

Wenn Sie nun weitergehen, sehen Sie auf der linken Seite ein weiteres Gebäude, das 1926 für die Ausstellung GeSoLei nach den Plänen von Wilhelm Kreis gebaut worden war. Das städtische Kunstmuseum, 1913 gegründet, zog 1928 in das Gebäude ein. In ihm ist heute die ständige Gemäldesammlung des **Kunstpalastes**, wie das Museum seit Ende 2018 genannt wird, mit Werken vom 15. bis zum Beginn des 20. Jahrhunderts zu Hause. Außerdem gibt es eine grafische Sammlung, eine Abteilung für Skulptur und angewandte Kunst, eine Sammlung Fotografie und für die Moderne. Und die Liebhaber der Glaskunst kommen auch auf ihre Kosten, denn das Museum ist auch Heimat für das Glasmuseum von Helmut Hentrich, in dem die Geschichte des künstlerischen Umgangs mit Glas eindrucksvoll gezeigt wird. Wenn Sie das Foyer des Museums betreten, sehen Sie ein weiteres eindrucksvolles Werk von Jan Thorn Prikker, eine große Glasarbeit, die an ein Kirchenfenster erinnert.

Vor dem Gebäude sehen Sie vier Säulen, von denen die beiden äußeren leer sind, während auf den beiden inneren Säulen, links und rechts des Eingangs in das Museum, zwei **Frauengestalten** in Bronze zu sehen sind. Sie wurden von **Ernst Gottschalk** geschaffen, von dem Sie schon die Schmuckvasen gesehen haben. Auch auf den beiden äußeren Säulen standen einst ähnliche Frauengestalten, die von **Bernhard Sopher** stammten. Doch sie gefielen den Nazis nicht. Allerdings brauchten diese vier Jahre, um festzustellen, dass Bernhard Sopher ein jüdischer Künstler war und deshalb der weitere Verbleib der Frauenakte nicht geduldet werden konnte – ein prägnantes Beispiel für die Idiotie des nationalsozialistischen Kunstverständnisses. 1937 wurden die Figuren entfernt und 1940 eingeschmolzen. Der diesen Vorgang auslösende **Brief** ist als Denkmal am Museum angebracht. Bernhard Sopher wurde 1879 in Palästina geboren, studierte Bildhauerei in Berlin und arbeitete seit 1908 in Düsseldorf. Er war in den 20er-Jahren des letzten Jahrhunderts

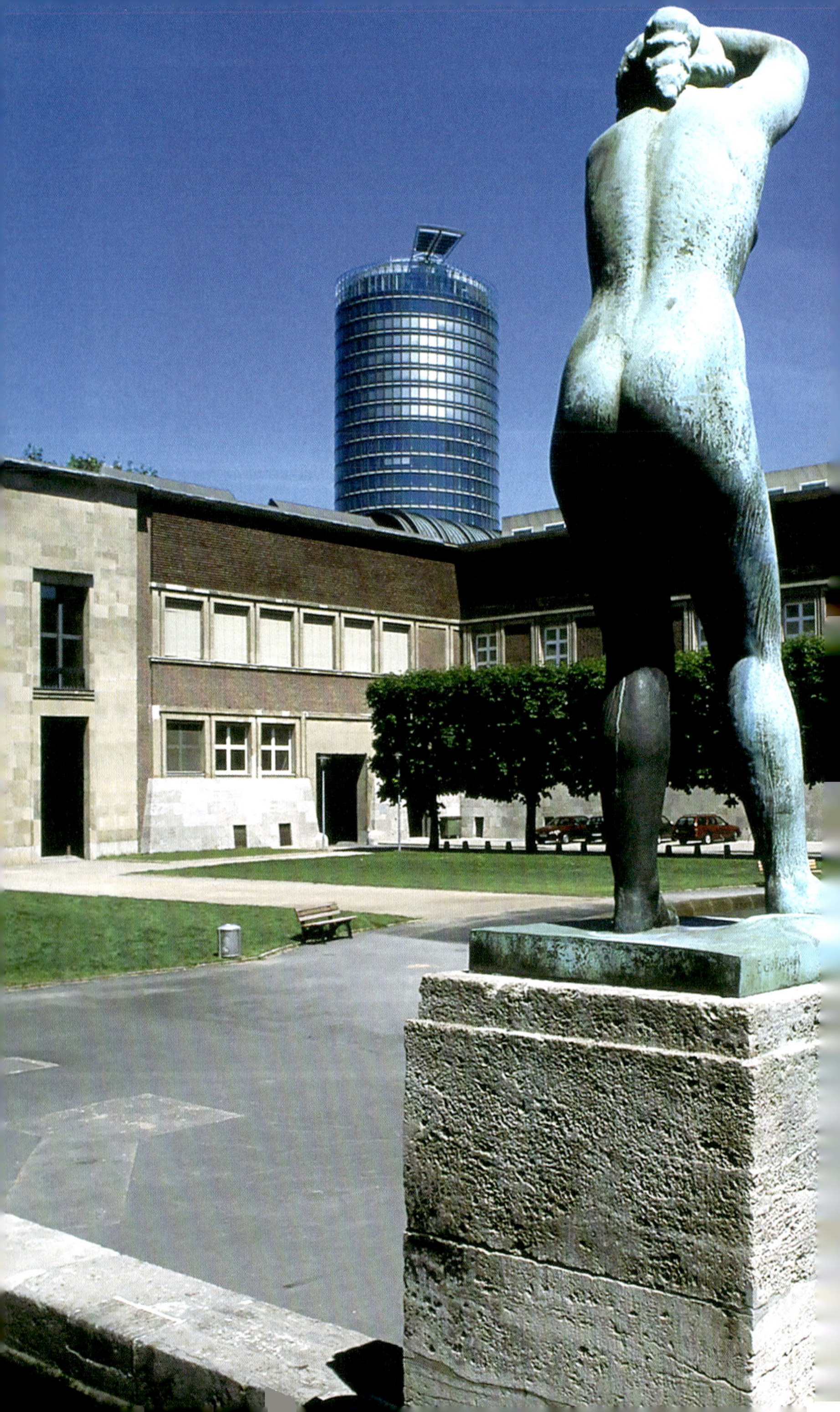

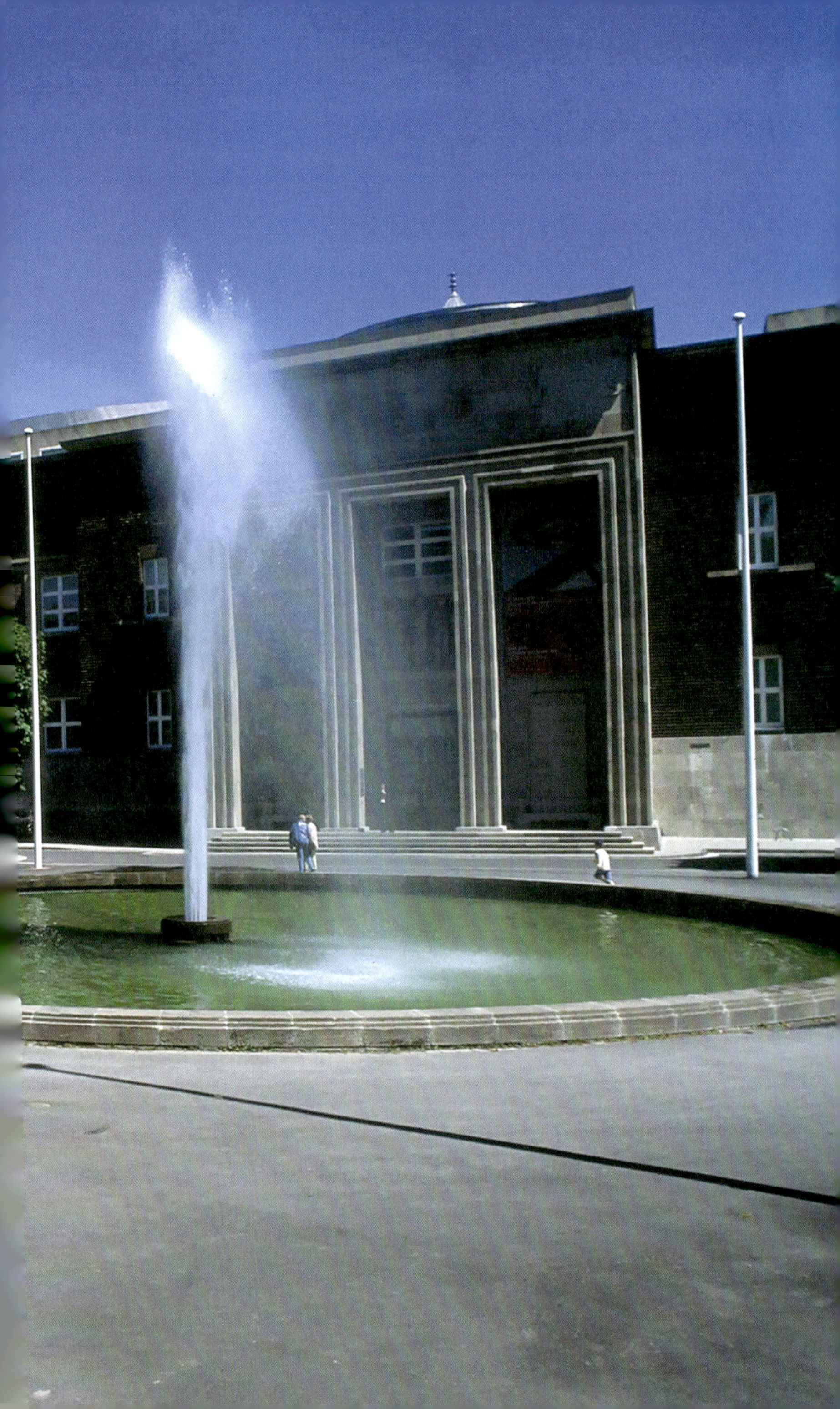

einer der Bildhauer, die für die Entwicklung der Plastik in Deutschland von großer Bedeutung waren. 1934 erhielt er Berufsverbot, ein Jahr später konnte er durch die Hilfe von Ernst Gottschalk in die USA emigrieren, wo er 1949 in Hollywood starb.

Zweimal war der Kunstpalast in den 1970er-Jahren Schauplatz übler Taten. Am 10. Februar 1972 wurden aus der ersten Etage das »Bildnis einer jungen Frau« von Frans Hals, die »Heilige Cäcilia« von Peter Paul Rubens und die »Jagdszene« von Juan del Mazo im Gesamtwert von 1 Million Deutscher Mark gestohlen. Das Rubens-Werk konnte 1975 in Frankfurt am Main sichergestellt werden, von den beiden anderen verlieren sich die Spuren. Alle drei Werke werden im Katalog der ständigen Sammlung des Kunstpalastes nicht mehr aufgeführt. Dafür gibt es aber heute im Museum das, was 1972 den Diebstahl hätte verhindern können: eine Alarmanlage.

Eine weitere üble Tat ereignete sich im Juli 1977, als durch einen Säureanschlag das Rubens-Gemälde »Erzherzog Albrecht« schwer beschädigt wurde. Der Täter wurde nach einem weiteren Anschlag in Kassel gefasst. Es stellte sich heraus, dass er seit seiner Jugend an einer Persönlichkeitsstörung litt und für 17 Fälle der Zerstörung oder Beschädigung von Kunstwerken in der Bundesrepublik verantwortlich war. Er wurde deshalb zu fünf Jahren Haft verurteilt, die er vollständig verbüßte. Aber auch danach setzte er seine Angriffe auf Kunstwerke fort, bevor er 2009 starb.

Auch das Glasmuseum Hentrich war von einem Diebstahl betroffen. Im Jahr 2000 wurden 16 Vasen und Gläser im Gesamtwert von 2 Millionen Deutsche Mark aus dem Museum gestohlen. Und sage und schreibe 20 Jahre später wurden sie von Italien aus dem Kunstmuseum für 200.000 Euro zum Kauf angeboten. Die italienische Polizei konnte die Täter festnehmen.

Gegenüber dem Eingang zur ständigen Sammlung sehen Sie das zweite zum Kunstpalast gehörende Gebäude (Abb. S. 148/149), dessen Ursprung in das Jahr 1902 zurückgeht und in dem heute die Sonderausstellungen des Museums stattfinden. Seit März 1949 ist hier auch der Robert-Schumann-Saal zu Hause. Hier stand einst das großartige Gebäude, das als erstes den Namen Kunstpalast trug, von dem aber heute nichts mehr zu erkennen ist.

Seine Geschichte geht bis in das Jahr 1898 zurück, denn damals wurde von der Düsseldorfer Künstlerschaft der Plan gefasst, im Jahr 1902 eine Deutsch-Nationale Kunstausstellung in Düsseldorf zu veranstalten. Doch dafür musste zunächst ein Gebäude gebaut und für den Bau das Geld gesammelt werden. Der Bau orientierte sich am Petit Palais in Paris, das Geld dafür (1.300.000 Reichsmark) brachten die Düsseldorfer Künstler und viele Unternehmen auf. 1902 fand im heutigen Rheinpark eine große Industrie- und Gewerbeausstellung und im Kunstpalast die Deutsch-Nationale Kunstausstellung statt. Dieser Ausstellung folgten bis 1925 viele weitere, sehr erfolgreiche

Ausstellungen, dann folgte das Aus für dieses großartige Gebäude, dessen Fassade mit barocken Formen aus Basalt, Granit und Sandstein eine wahre Augenweide war.

Als Wilhelm Kreis damit begann, den Ehrenhof nach seinen Plänen bebauen zu lassen, wurden Fassade und andere Teile des Kunstpalastes entfernt und alles an die neu entstehenden Gebäude angepasst. Zwischen 1999 und 2001 wurde das Haus saniert. Nachdem das Innere des Gebäudes entkernt und völlig neu gestaltet worden war, wurde es mit dem neuen Robert-Schumann-Saal im September 2001 feierlich wiedereröffnet. Über dem Eingang des Hauses lesen Sie das vom Ursprungsgebäude erhaltene lateinische Wort **ARTIBUS,** »Den Künsten (gewidmet)«.

Darunter sehen Sie als **Relieffiguren drei Damen,** die Malerei, Architektur und Bildhauerei symbolisieren sollen und 1926 von Carl Moritz Schreiner geschaffen wurden, von dem Sie an der Tonhalle schon die Planetengruppe gesehen haben. Allerdings gibt es auch die Auffassung, dass die drei Damen doch eher als Verkörperungen der drei »Grazien« Euphrosyne (Frohsinn), Thalia (Festfreude) und Aglaia (Glänzende) zu deuten seien. Wie dem auch sei, schön anzusehen sind sie allemal.

Zur Linken und zur Rechten des Eingangs stehen **zwei Bänke mit Katzen** aus Travertin, die 1926 ebenfalls von Carl Moritz Schreiner geschaffen wurden.

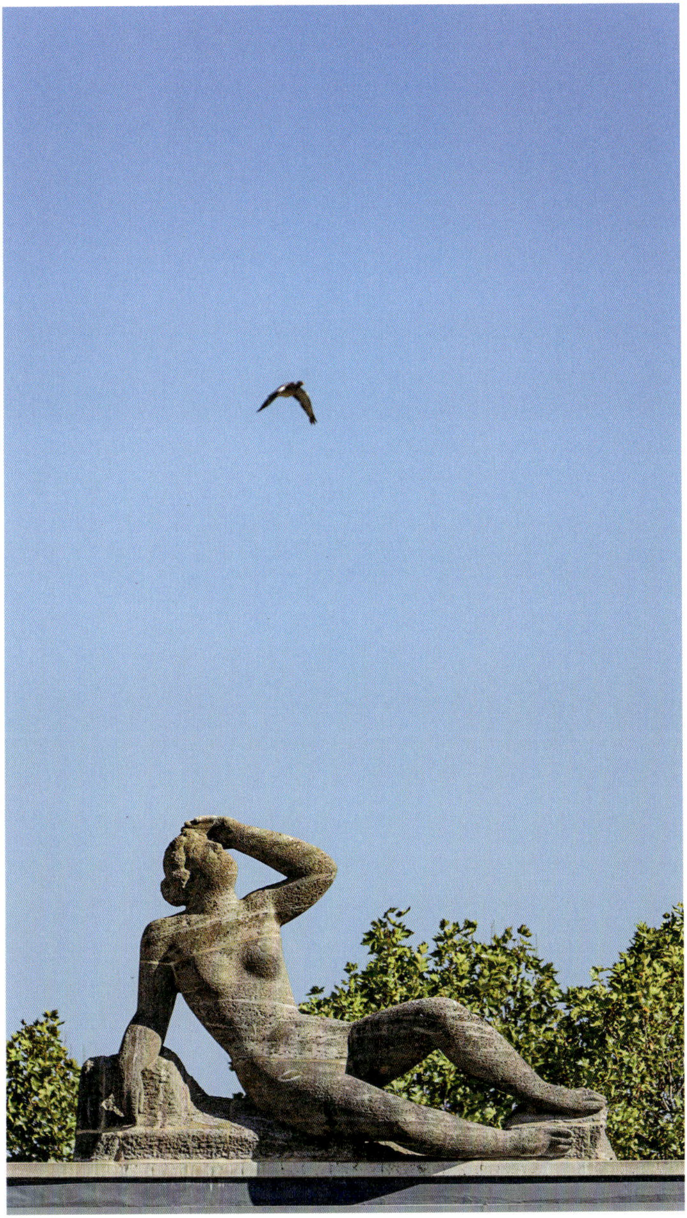

Der Brunnen, der zwischen den Häusern des Kunstpalastes steht, wurde 1926 ebenfalls nach den Plänen von Wilhelm Kreis angelegt. Im Sommer, wenn das Wasser im Brunnen sprudelt und bequeme Stühle zum Verweilen aufgestellt sind, kann man hier angenehme Pausen zwischen den Museumsbesuchen verbringen.

Wenn Sie am **Brunnen** stehen und nun nach oben in Richtung Norden blicken, sehen Sie auf dem Belvedere, das die beiden Gebäude des Kunstpalastes verbindet, eine liegende Frauengestalt, die in Düsseldorf nach dem Zweiten Weltkrieg immer wieder für Aufregung gesorgt hat. Es ist **Aurora** (Abb. S. 153), die griechische Göttin der Morgenröte, von Arno Breker aus dem Jahr 1926. Damals war Breker ein junger, noch studierender, aufstrebender Künstler, der unter anderem bei Auguste Rodin in Paris und in Düsseldorf bei Wilhelm Kreis und Hubert Netzer studiert hatte. Aus der Tatsache, dass Breker während der Nazizeit zum Lieblingsarchitekten Hitlers wurde, schlossen viele Bürger nach dem Krieg, dass die »Aurora« entfernt werden müsse. Letztlich ist sie uns bis heute erhalten geblieben. Einmal wurde sie doch abmontiert, nämlich im Dezember 2014, allerdings nur weil das Dach, auf dem sie ruht, saniert werden musste. Das wurde dann auch dazu genutzt, die aus Muschelkalk gestaltete Figur zu restaurieren. Sie wurde zersägt und in elf Teilen vom Dach geholt. Im Frühjahr 2015 kehrte sie auf ihren angestammten Platz zurück. Den Gerling-Konzern hat im Übrigen die Vergangenheit Brekers in den 1950er-Jahren nicht gestört, denn nach dessen

Plänen wurde zwischen 1957 und 1958 das Haus an der Jägerhofstraße 21 gebaut, das heute als ein qualitätsvolles Zeugnis der Nachkriegsarchitektur in Düsseldorf gilt und unter Denkmalsschutz steht.

Das waren die Spaziergänge durch Hofgarten und Ehrenhof, und ich denke, Sie können jetzt verstehen, dass es seit dem 28. Februar 1963 eine Satzung zum Erhalt des Hofgartens gibt und der Hofgarten am 9. März 1998 in die Denkmalschutzliste aufgenommen wurde. Die Bedeutung des Hofgartens für die Gartenkunst wurde 2004 auch dadurch unterstrichen, dass der Hofgarten wegen seiner aktuellen und kulturhistorischen Bedeutung in die Straße der Gartenkunst zwischen Rhein und Maas aufgenommen wurde.

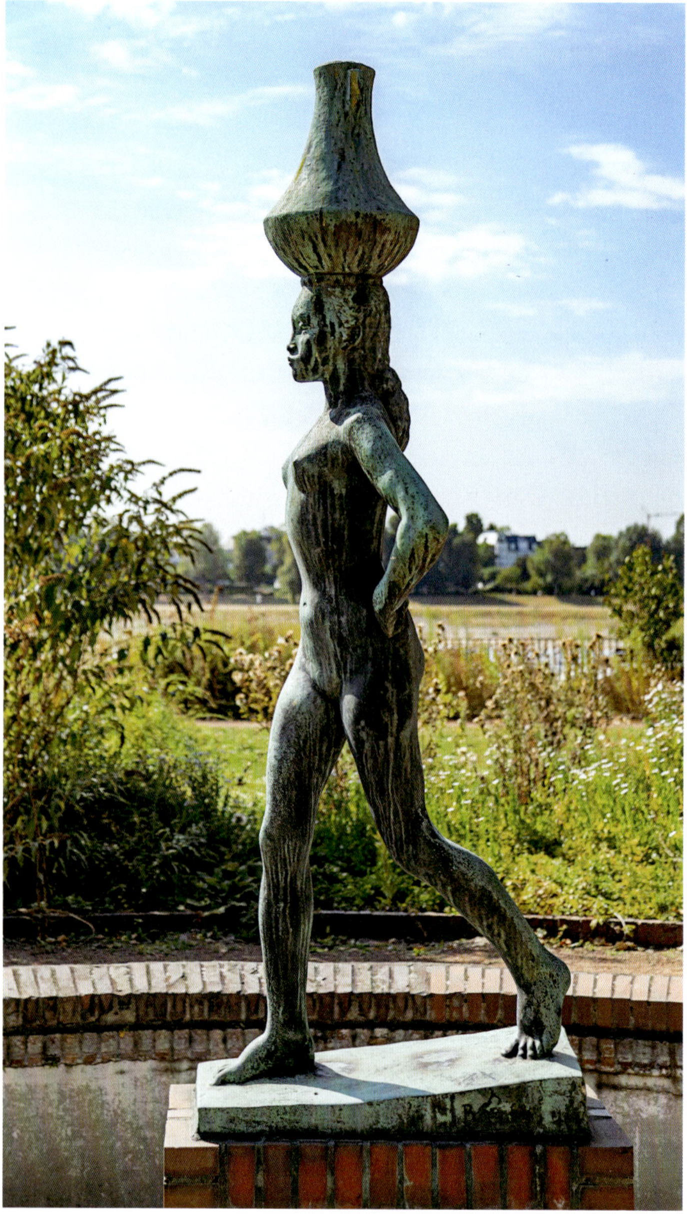

Exkurs

Wenn Sie jetzt noch Zeit für einen kleinen Abstecher haben, dann überqueren Sie doch das Joseph-Beuys-Ufer in Richtung Rhein. So gelangen Sie bald in einen kleinen Park südlich des Gebäudes der Rheinterrasse, das ebenfalls 1926 errichtet wurde. Der kleine Park wird **Rheingärtchen** genannt und wurde ebenfalls von Walter von Engelhardt geplant. In diesem Park gibt es einen kleinen Brunnen, in dessen Mitte die Bronzestatue **Die Nubierin** (Abb. S. 156) von Bernhard Sopher steht. Sie stand dort seit 1928, sollte von den Nazis ebenfalls eingeschmolzen werden, wurde aber von der nichtjüdischen Ehefrau Bernhard Sophers zurückgekauft und so vor der Vernichtung gerettet. Nach dem Krieg schenkte Frau Sopher der Stadt die Statue, und seit 1954 steht sie wieder auf ihrem vormaligen Platz.

Von Bernhard Sopher gibt es in Düsseldorf noch ein weiteres Kunstwerk in zwei Fassungen zu sehen. Im Garten des Stadtmuseums von Düsseldorf an der Bäckerstraße ruht seine »Pietà«; sie ist eine Kunststeinfassung des Originals, das auf dem Gerresheimer Waldfriedhof Teil des Grabmals der für Düsseldorfs Entwicklung bedeutsamen Industriellenfamilie Sack ist. Das Grabmal steht seit 2007 unter Denkmalschutz. Zum Glück ist den Nazis wohl der Künstler des Grabmals unbekannt geblieben, denn sonst hätte es die Naziherrschaft nicht überstanden.

Aus dem Leben von Nicolas de Pigage

Nicolas des Pigage wurde am 3. August 1723 in Lunéville/ Lothringen geboren und starb am 30. Juli 1796 in Schwetzingen. Fünf Jahre nach seinem Tod wurde in Lunéville der Friedensvertrag geschlossen, dem Düsseldorf im Grunde genommen die Anlage des Schwanenspiegels an der Haroldstraße, den Bau der Königsallee und den westlichen Teil des Hofgartens zu verdanken hat. Pigage war der Sohn eines Steinmetzes und begann sein Studium der Baukunst 1743 in Paris. Im Jahr 1752 wurde Pigage, der Mitglied der renommierten Akademie San Luca in Rom und der königlichen Bauakademie in Paris war, durch den Kurfürsten Carl Theodor, der seit 1742 auch Herzog von Jülich und Berg mit der Hauptstadt Düsseldorf war, als Oberbaudirektor an den kurpfälzischen Hof nach Mannheim berufen. Seine Ernennung zum Gartendirektor erfolgte 1762. Zwischen 1755 und 1773 wurde nach seinen Plänen das im Düsseldorfer Süden liegende Schloss Benrath mit Park gebaut.

1769 bekam er dann den Auftrag, das vor dem Schloss Jägerhof liegende Gartengelände in einen Park umzuwandeln, und nach seiner Fertigstellung im Jahr 1770 war dieser Park, Hofgarten genannt, der erste öffentliche Park in damaligen deutschen Landen, denn Fürst Carl Theodor hatte bestimmt, dass der Park auch »zur Lust der Einwohnerschaft« einzurichten sei. Das war ungewöhnlich, denn in damaliger Zeit wurden Parks für den Adel, die Kirche oder reiche Stände eingerichtet, nicht aber für das gemeine Volk. Auch das erste Hofgärtnerhaus in diesem Park wurde nach seinen Plänen errichtet und 1770 fertiggestellt.

Die Pigageallee in Düsseldorf Benrath erinnert seit 1959 an den lothringischen Baumeister.

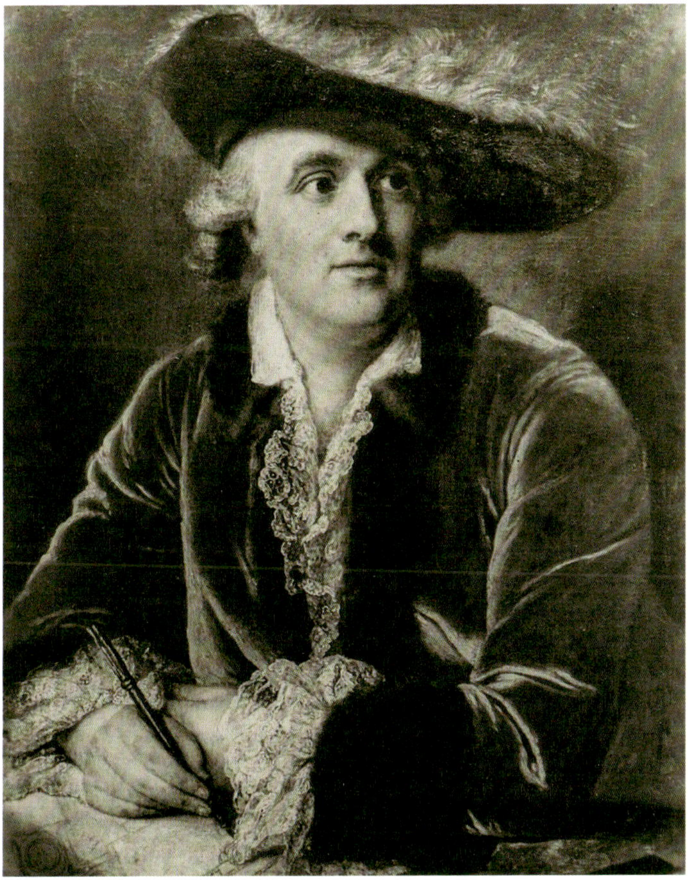

Aus dem Leben von Maximilian Weyhe

Maximilian Friedrich Weyhe wurde am 15. Februar 1775 in Poppelsdorf bei Bonn geboren und starb am 25. Oktober 1846 in Düsseldorf. Er war der Sohn eines Hofgärtners und ging von 1789 bis 1792 in Bonn bei seinem Onkel Peter Joseph Lenné in die Lehre. Danach unternahm er unter anderem Studienreisen nach München und Schönbrunn bei Wien. 1801 nahm er eine Stelle als botanischer Gärtner und Lehrer in Köln an. Am 1. Februar 1804 trat er nach Vermittlung durch Arnold Jacobi seine Stelle als Hofgärtner in Düsseldorf an und erhielt unter anderem den Auftrag, den ab 1769 durch Nicolas de Pigage angelegten und durch die Revolutionskriege zerstörten Hofgarten wiederherzustellen und neue Gärten auf den aufgrund des Vertrages von Lunéville geschleiften Festungsanlagen anzulegen. Weyhe wählte Düsseldorf als neuen Arbeitsort, obwohl er finanziell bessere Angebote aus Wien und Russland hatte. Aber die Liebe zum Rheinland ließ ihn nach Düsseldorf kommen. Weyhe wohnte von 1804 bis 1808 im Hofgärtnerhaus, dem heutigen Sitz des Theatermuseums an der Jägerhofstraße, und zog 1808 in das »Haus Pempelfort« an der Jacobistraße 12 um, das 1943 durch Bomben zerstört und nicht wieder aufgebaut wurde.

Weyhe war nicht nur der Schöpfer des neuen Hofgartens, sondern auch der Anlagen am Spee'schen Graben, des Schwanenspiegels und der Königsallee. Auch der Golzheimer Friedhof, der Schlosspark in Kalkum und der Park von Schloss Mickeln wurden nach seinen Plänen angelegt. Sein schöpferisches Wirken wurde auch über Düsseldorfs Grenzen hinaus bekannt, und so können von ihm unter anderem noch heute die Parks in Kleve, von Burg Linn bei Krefeld, von Schloss Dyck, des Schlosses

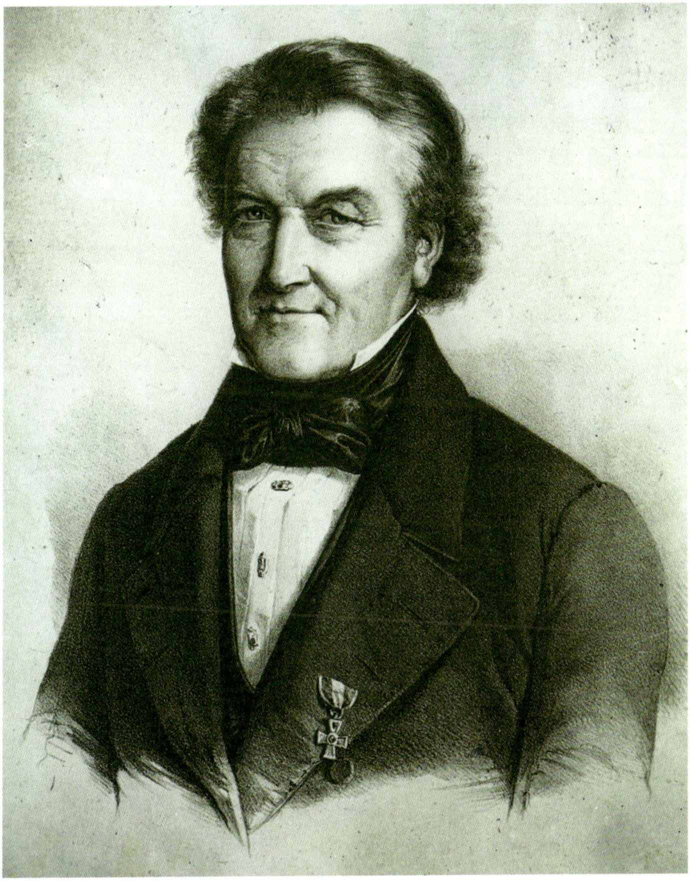

des Herzogs von Arenberg in Enghien/Belgien und des Schlosses Rosenau bei Coburg besichtigt werden.

Weyhe heiratete 1804 Wilhelmine Esch und wurde Vater von sechs Töchtern und drei Söhnen. Sein ältester Sohn Joseph Clemens (1807 bis 1871) wurde nach Maximilian Weyhes Tod im Jahr 1846 sein Nachfolger im Amt des Gartenbaudirektors von Düsseldorf. Als der Leichnam von Weyhe vom Wohn- und Sterbehaus an der Jacobistraße über die Jägerhofallee zum von ihm selbst angelegten Golzheimer Friedhof gefahren wurde, läuteten alle Kirchenglocken der Stadt. Neben seinem Denkmal im Hofgarten erinnern das Portalgebäude am Nordpark, der Sitz des Garten-, Friedhofs- und Forstamtes und die den westlichen Hofgarten teilende Maximilian-Weyhe-Allee an diesen großen Gartenkünstler. Sie wurde am 1. Februar 1934 nach ihm benannt, exakt 130 Jahre nach seinem Dienstantritt in Düsseldorf.

Gartendirektoren in Düsseldorf

Die Titel der jeweils für das Gartenwesen in Düsseldorf Verantwortlichen wechselten im Laufe der Jahrzehnte, deshalb gilt die Überschrift für alle Personen, die seit 1804 Verantwortung trugen. Ab 1906 wurden die Aufgaben um das Friedhofs- und Forstamt erweitert. Seit 2013 ist erstmals in der Geschichte des Gartenwesens in Düsseldorf eine Frau mit dieser Aufgabe betraut.

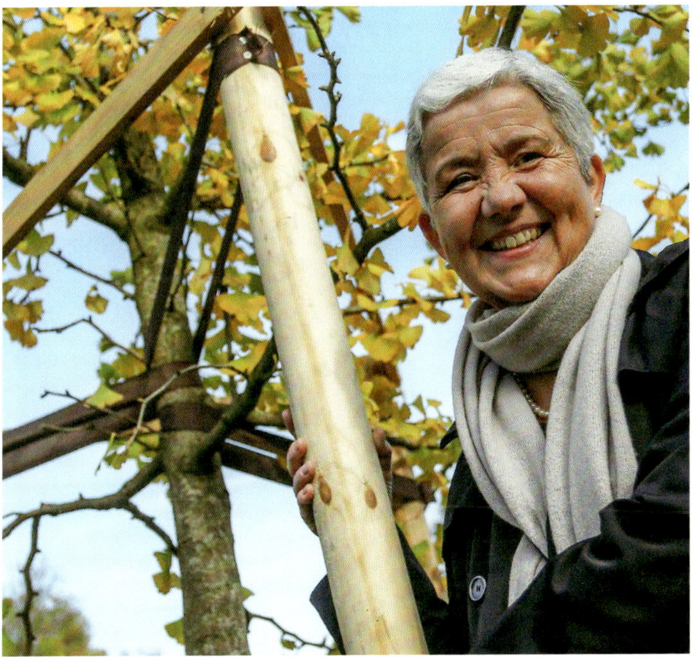

Doris Törkel, die erste Frau als Nachfolgerin von Nicolas de Pigage und Maximilian Weyhe

1804 bis 1906

1804–1846	Maximilian Friedrich Weyhe (1775–1846) *Kurfürstlicher Hofgärtner,* *ab 1833 Königlich Preußischer Gartendirektor*
1847–1871	Joseph Clemens Weyhe (1807–1871) *Königlich Preußischer Gartendirektor*
1871–1879	Oscar Hering (1814–1884) *Gartendirektor*
1879–1906	Friedrich Hillebrecht (1846–1918) *Gartendirektor*

ab 1906

Gartendirektoren des Garten-, Friedhofs- und Forstamtes

1906–1931	Walter von Engelhardt (1864–1940)
1933–1945	Willi Tapp (1887–1958)
1945–1953	Johann Heinrich Küchler (1888–1984)
1953–1967	Ulrich Wolf (1902–1967)
1967–1981	Karl-Heinz Dohmen (1921–1997)
1981–1988	Per Halby Tempel (1923–1997)
1988–2005	Bert Gillet (* 1942)
2005–2013	Manfred Krick (* 1956)
seit 2013	Doris Törkel (* 1962)

Literaturverzeichnis

Brenner-Wilczek, Sabine (Hg.), Georg Arnold Jacobis Lebenszeugnisse, Droste Verlag, Düsseldorf, 2010

Broicher, Ursula, »E nesisch hus, Der chinesische Pavillon im Düsseldorfer Hofgarten«, in: Düsseldorfer Jahrbuch, Band 71, 2000

Düsseldorfer Jonges (Hg.), das tor, Düsseldorfer Heimatblätter, Ausgaben von Oktober 1939, Februar 1975, Januar 1980, März 1990, Juli 1990, Januar 1992, September 1998

Florin, Melanie, Das Majolikahäuschen von Villeroy & Boch im Düsseldorfer Hofgarten, Grupello Verlag, Düsseldorf, 2006

Funken, Wolfgang, Ars Publica Düsseldorf. Geschichte der Kunstwerke und kulturellen Zeichen im öffentlichen Raum der Landeshauptstadt, Klartext Verlag, Essen, 2012

Geldern van, Betty, »Briefe (1795 bis 96)«, in: Düsseldorfer Jahrbuch, Band 59, 1984

Heimeshoff, Jörg, Denkmalgeschützte Häuser in Düsseldorf mit Garten- und Bodendenkmälern, NOBEL-Verlag Essen, 2001

Heimeshoff, Jörg, »Denkmalpflege in Düsseldorf 2007«, in: Düsseldorfer Jahrbuch, Band, 78, 2008

Henkel, Peter/Wiener, Jürgen, Die Spur der Steine, Droste Verlag, Düsseldorf, 2016

Jahnke-Ouni, Maren, »Eine Renaissance des Formalen Gartens«, in: Düsseldorfer Jahrbuch, Band 80, 2000

Kast, Paul, Schumanns rheinische Jahre, Droste Verlag, Düsseldorf, 1981

Kern, Otto, »Der Jägerhof zu Düsseldorf«, in: Düsseldorfer Jahrbuch, Band 45, 1951

Kleinfeld, Hermann, Düsseldorfs Straßen und ihre Benennungen. Von der Stadtgründung bis zur Gegenwart, Grupello Verlag, Düsseldorf, 1996

Kruse, Joseph Anton (Hg.), Friedrich Heinrich Jacobi, Droste Verlag, Düsseldorf, 1985

Künstlerverein Malkasten (Hg.), Hundert Jahre Künstlerverein Malkasten Düsseldorf, Bagel Verlag, Düsseldorf, 1948

Kuschtewskaja, Tatjana, »Moskau – Düsseldorf«, in: Pfeffer, Alla (Hg.), Zeitzeugen. Bekenntnisse zu Düsseldorf, Grupello Verlag, Düsseldorf, 2001

Landeshauptstadt Düsseldorf, Informationen aus dem Stadtarchiv

Landeshauptstadt Düsseldorf, Parkpflegewerk Hofgarten, Düsseldorf, 2019

Landeshauptstadt Düsseldorf, Veröffentlichungen des Kulturamtes
Lange, Claus, Der Hofgarten in Düsseldorf. Erster öffentlicher Stadtgarten Deutschlands, Rheinischer Verein für Denkmalpflege und Landschaftsschutz, 2006
Looz-Corswarem, Clemens von/ Mauer, Benedikt (Hg.), Das Große DüsseldorfLexikon, Greven Verlag, Köln, 2012
Markowitz, Irene, Der Künstlerverein Malkasten. Die Anfänge, Zentraldruckerei Wust & Co, Düsseldorf, 1973
Müller-Schlösser, Hans, Die Stadt an der Düssel, Droste Verlag, Düsseldorf, 1977
Nagel, Rolf, Stephanie von Hohenzollern-Sigmaringen – Königin von Portugal, in: Düsseldorfer Jahrbuch, Band 74, 2003
Nagel, Rolf, Der Sarkophag der Königin Stephanie von Portugal, in: Düsseldorfer Jahrbuch, Band 77, 2007
Die Rheinprovinz der preussischen Monarchie, oder die Beschreibung der systematischen Eintheilung in Regierungsbezirke, Kreise, Bürgermeistereien und Honnschaften, sowie der Städte, Flecken, Dörfer, einzelner Etablissements. Düsseldorf, Werbrunn, 1833
Ritter, Margaret, Maximilian Friedrich Weyhe (1775–1846). Ein Leben für die Gartenkunst, Droste Verlag, Düsseldorf, 2007
Schildt, Helmut, Maximilian Friedrich Weyhe und seine Parkanlagen, Triltsch Verlag, Düsseldorf, 1987
Schumann, Jürgen/Krause, Tobias, Die Vogelwelt von Düsseldorf und Umgebung, Verlag Natur & Wissenschaft, Solingen, 2017
Schürmann, Sonja, Düsseldorf. Eine moderne Landeshauptstadt mit 700jähriger Geschichte und Kultur, DuMont Buchverlag, Köln, 1988
Spohr, Edmund, Düsseldorf. Stadt und Festung, Schwann, Düsseldorf, 1978
Stadtmuseum Landeshauptstadt Düsseldorf, Düsseldorfer Gartenlust, Düsseldorf, 1987
Törkel, Doris/Schweizer, Stefan/ Baier, Christof (Hg.), Gärten und Parks in Düsseldorf, Grupello Verlag, Düsseldorf, 2017
Trudewind, Andrea (Bearb.), 1945–2005. 60 Jahre in Daten, Fakten und Zahlen, Stadtarchiv Düsseldorf, Düsseldorf, 2006

Verein der Düsseldorfer Künstler zur gegenseitigen Unterstützung und Hilfe (Hg.), »zwischen Hungertuch und Kunstpalast«, Festschrift aus Anlass des 175-jährigen Bestehens des Vereins, Das Druckhaus Print und Medien GmbH, Korschenbroich, 2019

Vollmer, Gisela (Bearb.), »Düsseldorf. Beschreibung einer Stadt«, in: Düsseldorfer Jahrbuch, Band 63, 1991

Wasserloos, Yvonne, Das Düsseldorfer Mendelssohn-Denkmal – Ort des Erinnerns und Bekennens, in: Förderverein zur Wiederaufstellung des Mendelssohn-Denkmals e. V. (Hg.), Festschrift aus Anlass der Wiederaufstellung des Düsseldorfer Denkmals für Felix Mendelssohn Bartholdy, Düsseldorf, 2012

Wilhelmi, Johann Ferdinand, Panorama von Düsseldorf und seinen Umgebungen. Mit besonderer Rücksicht auf Geschichte, Topographie, Statistik, Gewerbfleiß und Handel des Regierungsbezirks Düsseldorf. Mit einer Ansicht der Stadt Düsseldorf, Düsseldorf, 1828

Zimmermann, Christa-Maria, So lebten sie im alten Düsseldorf. Texte und Bilder von Zeitgenossen, Verlag J. P. Bachem, Köln, 1983

Ich danke Tobias Lauterbach vom Garten-, Friedhofs- und Forstamt der Stadt Düsseldorf für seine fachlichen Hinweise.

Fotonachweis

Fotos: Thomas Stelzmann, außer: S. 6, 80/81, 138/139, 159, 161: Stadtarchiv Düsseldorf;
S. 64 aus: Führer durch Düsseldorf am Rhein und seine Umgebung, Verkehrsverein Düsseldorf (Hg.), Druck der Düsseldorfer Verlagsanstalt Act.-Ges., 1904;
S. 163: David Young

Impressum

Einbandgestaltung: Droste Verlag, unter Verwendung von Fotos von Thomas Stelzmann, Patrice Nardin
Titelbild: Thomas Stelzmann
Karte: Parkpflegewerk Hofgarten Landeshauptstadt Düsseldorf, Garten-, Friedhofs- und Forstamt / Dittloff + Paschburg Landschaftsarchitekten, Hamburg
Druck und Bindung: LUC GmbH, Greven

MIX
Papier aus verantwortungsvollen Quellen
FSC® C011279
FSC www.fsc.org

ISBN 978-3-7700-2492-6
www.droste-verlag.de